Seayu

沒有讀過的歐美趣味歷史

奇怪的歷史知識增加了！2

「即食歷史」版主
seayu——著

作者序

想不到一年多後，我的第二本書出版了。

在第一本書出版後，我很慶幸得到不少讀者支持和讚賞。從那時起我便在想，如果我有機會出版第二本書，那我會想寫些什麼？

關於這個，我很快就有了一個新構想，就是寫「邊界」的故事。在我們身處的這個世界，幾乎每一個地方都已有主權。就算是南極洲，亦為多個國家共管。那麼，現代國家主權之間的邊界是怎樣形成？有些是地理構成的自然邊界，例如河流、山脈和海洋等等，但有些邊界卻是有獨特歷史原因導致。歷史事件構成的邊界，往往十分奇特，而背後是一篇又一篇有趣的故事。所以，我想在第二本書收錄這些有趣歷史故事。

就算是寫歷史人物，這趟我也選擇介紹一些較少現代人認識的古人。有時候，這些古人沒有得到大家關注，是因為他們未對世界歷史造成深遠影響，但在他們身處的時代，他們可能是奇葩，是傳奇甚至是叛逆，在當時無人不曉。我覺得描寫他們的人生故事時，往往最吸引人的，是他們的性格和價值觀。無論這些人是誰，他們往往都有個共通點，就是對自我的堅持。這就是為什麼我喜愛寫他們，因為人的經歷是最有溫度的。

如果您把這本書與前一部作品比較，會發現這次的內容有點不一樣，不過同樣都是我的用心之作，希望您會喜歡！

二〇二三年六月二十八日

目錄

PART 1 / 奇怪的知識增加了，原來與這些有關？

PART

2

我們都愛聽故事，這裡有各式各樣的帝國

PART

3

從好人到壞人都有，歷史上的人物應有盡有

PART

1

奇怪的知識增加了，原來與這些有關？

國與國之間邊境線的形成是歷史。奇怪了，美國位於美洲大陸，俄羅斯位於歐亞大陸，中間隔著個太平洋，這兩個大國會有接壤嗎？確實，它們的確並沒有接壤，但卻有個非常有趣的「邊界」。

美蘇冷戰遺產：時區迥異的迪奧米德群島

地球上目前存在數百個國家，國與國之間邊境線的形成由歷史、政治和地理因素構成，而往往因為這些因素多是人為導致的結果，所以在這個地球上其實存在很多奇形怪狀的邊境線。

世上國家林立，俄羅斯和美國之間就有著很奇怪的邊界。奇怪了，美國位於美洲大陸，俄羅斯位於歐亞大陸，中間隔著個太平洋，這兩個大國會有接壤嗎？確實，它們的確並沒有接壤，但卻有個非常有趣的「邊界」。

白令海峽（Bering Strait）位於阿拉斯加與西伯利亞之間的狹窄海洋。在這個海峽差不多正中位置，有兩個不為世人所知的島嶼。從地圖上看，這兩個島嶼顯然是屬於一對的，名叫迪奧米德群島（Diomede Islands）。雖然地理上它們被歸納在一起，但政治上卻分別屬於美國和俄羅斯。大一點的那個稱作「大迪奧米德島」（Big Diomede），主權屬俄羅斯；小一點的那個叫作「小迪奧米德島」（Little Diomede），主權則屬美國。

兩個島嶼相距只有約三點八公里，但時間卻差了足足二十三小時。原來，兩島之間就是美俄邊界，同時也是兩個不同時區的分界線。如果你身處小迪奧米德島，你就能看到「明天」的大迪奧米德島。因為這樣，大迪奧米德島有時會被稱為「明日島」（Tomorrow Island），小迪奧米德島則會被稱為「昨日島」（Yesterday Isle）。

⚜

迪奧米德群島是高台岩石島嶼——頂部平坦，側邊是陡峭懸崖。它們位處的白令海峽，長年波濤洶湧，在夏天常有濃霧覆蓋。冬天時，海面上飄浮的冰山有機會飄到兩島之間，形成一座天然冰橋。這時，島上居民理論上可以以此往來兩島。然而，雖然地理上可行，但在法律和政治上橫越白令海峽卻被嚴格禁止。

雖然迪奧米德群島位於如此惡劣的氣候和地理環境中，但早在三千年前便已有人定居於此。他們是愛斯基摩人（Eskimos）的一支——尤皮克人（Yupiks）。一六四八年，俄羅斯探險家謝苗・迭日涅夫（Semyon Dezhnyov）首次發現迪奧米德群島，卻迅速被遺忘。直至八十年後，丹麥航海家維圖斯・白令（Vitus Bering）才重新發現迪奧米德群島，今天白令海峽便是以他名字命名的。由於他在一七二八年八月十六日發現兩島，而這天正是東正教會紀念三世紀聖人——希臘人塔爾索的迪奧米德斯（Diomedes of Tarsus）的日子，因此這兩個島嶼便從此稱作迪奧米德群島了。

⚜

那麼，為什麼今天這兩個島嶼分別屬於兩個主權國家呢？

一八六七年，俄羅斯把阿拉斯加賣給美國，雙方決定以白令海峽中間為界。巧合的是，迪奧米德群島位於海峽中央，海峽正中邊界正好把大小迪奧米德島給分割開來。從此，小迪奧米德島屬於美國，大迪奧米德島則仍屬於俄羅斯。

現今小迪奧米德島上還有居民，是一個約有八十人的小社區。島上有齊全的社區設施，包括政府辦公大樓、教堂和學校，居民以捕獵魚類、蟹類、白鯨、海象、海豹和北極熊為生，並依靠每年從阿拉斯加運送來的物資生活，算是一個非常安靜、與世隔絕的小社區。

至於大迪奧米德島則已無平民定居，島上只有一個俄羅斯軍事基地。原來，二戰結束後，大迪奧米德島上的居民被蘇聯（U.S.S.R.）當局強制驅逐到西伯利亞。原因很簡單，當時美蘇陷入冷戰，關係極差，蘇聯為了防止大迪奧米德島居民與小迪奧米德島居民互相聯絡，並可能洩露蘇聯一方情報予美國，所以便決定把島上居民全部強制遷移至西伯利亞。蘇聯海軍經常在白令海峽靠近俄羅斯的海域上巡邏，若發現任何小迪奧米德島居民太接近大迪奧米德島，便會把他們抓走。

於是直至今天，大迪奧米德島仍是荒蕪之地，島上有的只是俄羅斯氣象站和駐守邊界的軍事基地。

美蘇冷戰時期，相信最能代表這個時期意識形態的東西，例如柏林圍牆、古巴飛彈危機、太空競賽和軍備競賽等等，大家很耳熟能詳。居住在如此遠離世界紛爭的迪奧米德群島居民也無法倖免，同樣受到冷戰影響，大迪奧米德島居民被蘇聯驅逐到西伯利亞。原本，居住在兩島的原住民尤皮克人有著緊密關係，卻因為冷戰關係，族人們從此被分成兩部，分別居住在西伯利亞和小迪奧米德島。居住在俄羅斯的尤皮克人漸漸被同化，後代都說俄語了，而居住在小迪奧米德島的卻在說英語。在大國影響下，他們漸漸失去自己的獨特性。

本來，上世紀九十年代初，蘇聯解體後冷戰結束，美國與新成立的俄羅斯聯邦之間的關係有緩和的契機，尤皮克人曾有機會重新與遠在一邊的族人團聚。美俄更曾經就興建一條跨越白冷海峽的海底隧道達成共識。然而，往後數十年間，美國與俄羅斯始終保持著不太友好的外交關係，二〇一四年克里米亞危機（2014 Crimean Crisis）及二〇二二年的烏俄戰爭更使兩國關係跌入谷底。現在，俄羅斯軍機依然經常在白令海峽邊界附近飛行，但從來沒有跨越到美國領空而造成進一步的外交危機。

白令海峽蘊藏著豐富的天然資源。根據推測，這裡有地球三成未被發現的石油資源。豐富資源並未為島上居民帶來財富，反而可能是一項詛咒，將繼續為迪奧米德群島帶來不穩定因素。幸運的是，由於穿越白令海峽到達歐洲的航線比巴拿馬海峽的航線短很多，日後這條航線會愈來愈繁忙。在經濟誘因下，白令海峽的往來可能正常化，到時尤皮克人在某天也許能達成他們多年的心願，與族人團聚。

撲朔迷離國境線：分屬兩國的馬凱特島

位於瑞典與芬蘭之間的波斯尼亞灣（Gulf of Bothnia）中有個名叫馬凱特島（Märket Island）的小島，這座島的地理位置正好位處於隔開兩國的海灣中。馬凱特島十分細小，只有約三公頃的陸地面積，島上沒有任何城市規劃或常居人口。然而，一個如此不起眼的小島，其主權卻分屬於瑞典和芬蘭。有趣的是，兩國在島上的主權分布，竟是如此複雜。

原來，在十九世紀初，芬蘭仍不是一個獨立國家，它屬於當時瑞典帝國（Swedish Empire）一部分。十九世紀初歐洲風雲色變，「法國人的皇帝」拿破崙・波拿巴（Napoleon Bonaparte, Emperor of France）的軍隊席捲全歐，打敗了當時歐洲強國普魯士（Prussia）和奧地利，並在兩國首都舉行凱旋儀式。稱霸大半個歐洲大陸後，拿破崙計劃入侵英國。不過，英國那邊有名將霍雷肖·納爾遜（Horatio Nelson），在他出色指揮下英國海軍擊敗了法國海軍，使拿破崙不得不暫時中止對英國的入侵。

於是，拿破崙計劃打擊英國經濟，使其衰落。他與當時東方的俄羅斯帝國皇帝亞歷山大一世（Alexander I, Emperor of Russia）展開了一次會談，這兩個強大的國家一致同意瓜分歐洲——法國統治歐洲西半部，俄羅斯帝國則統治東半部。要達成這個目的，就必須先強迫態度曖昧的北歐國家瑞典帝國加入拿破崙的陣營。一來這可以斷絕它與英國的貿易往來，達至打擊英國經濟的效果，二來也同樣是拿破崙稱霸歐洲的必要條件。

拿破崙承諾亞歷山大一世，不會干涉俄羅斯對瑞典的軍事行動，而且同意擊敗瑞典後，吞併芬蘭一邊的領土。於是，俄羅斯便對瑞典蠢蠢欲動了。當時瑞典國王古斯塔夫四世（Gustov IV, King of Sweden）非常討厭法國的革命熱潮，因此從來沒想過要投靠拿破崙。然而，他也沒有因為俄羅斯在邊境蠢蠢欲動的軍事行為有任何警覺性或準備。一八〇八年戰爭開打了，歷史稱這次戰爭為「芬蘭戰爭」（Finnish War）。

戰爭只維持了不足兩年，瑞典便徹底被打敗了。於是在一八〇九年，瑞典與俄羅斯簽訂《弗里德里克斯哈姆條約》（*Treaty of Fredrikshamn*），同意割讓芬蘭予俄羅斯，而其中位於波斯尼亞灣的馬凱特島，也在這條條約中被瓜分。

起初，馬凱特島只是一個細小又沒甚特別的海島，於是雙方也沒有糾纏如何劃分主權，很簡單的在島上拉一條由上而下的直線作為兩國邊界線。

故事本來就在這裡結束。不過後來，俄羅斯人開始發現馬凱特島地理位置的好處，可以作為往來波羅的海（Baltic Sea）和波斯尼亞灣之間的船隻導航地。因此，就在一八八五年，俄羅斯派人在該島修建了一座燈塔，但卻意外地把燈塔建了在瑞典一方的領土裡。

這是主權問題，不能不解決。起初，雙方計劃把本屬己方的領土調換（島上沒什麼資源，所以大家也不在意），那麼燈塔便會坐落在俄羅斯一方領土裡。不過，這無疑製造了更多問題。例如，海域管理會變得困難，因為現在俄羅斯芬蘭地區的領土靠近瑞典那方，而瑞典領土就會變成靠近芬蘭那邊，這會製造出諸如航海權、捕魚權等等問題。

想不到，這個小小歷史意外，花了雙方近一百年時間才得以解決。一九八一年，這時芬蘭已經脫離俄羅斯獨立為主權國家，於是這次領土爭議就不再關俄羅斯事了，現在是瑞典與芬蘭兩國的討論。這兩個國家舉行了一次問卷調查，最後得出結論便是直接修改島上的國境線。坐落在瑞典那邊的燈塔連帶土地劃歸芬蘭，但為了國與國之間平等，芬蘭同意在島上屬土劃出同等面積土地以補償瑞典的領土損失。而且，為了方便管理燈塔，沒有「擅闖鄰國土地」問題，還在劃出的土地中再劃出一條狹小土地作為「通道」。這種做法，就不會影響到航海權和捕魚權了。

於是，馬凱特島島上奇特的「S型」國境線，就這樣形成了。如果有機會登島，你會看到這條實體國境線，國境線記號被刻在島上十塊岩石上。你可能會問，為什麼不直接在島上架起圍欄呢？除了因為成本效益問題，馬凱特島位處的地方經常有大浪和風暴，任何佇立在島上的東西都很容易被吹走或沖走。而且，因為海水和海風侵蝕，馬凱特島形狀也會逐漸轉變，因此兩國同意每二十五年，便會重新討論是否有需要重新調整國境線。

最後，原來馬凱特島的名字來自芬蘭語，其意思就是「標記」！

國中還有國：東歐國家波赫內的塞族共和國

✧ 塞族共和國

位於巴爾幹半島（The Balkans）的東歐國家波士尼亞與赫塞哥維納（Bosnia and Herzegovina，以下簡稱波赫），國內接近一半領土是屬於一個擁有極高自治權的政治實體——塞族共和國（Republika Srpska）。其實，波士尼亞與赫塞哥維納這個國家是由兩個政治實體構成，一個稱為波士尼亞與赫塞哥維納聯邦（Federation of Bosnia and Herzegovina），另外一個稱為塞族共和國。有趣的是，在東部還有一個特別的布爾奇科特區（Brčko District），名義上屬於波赫聯邦和塞族共和國共同擁有，實際上又是獨立於兩者的行政特區。

跟其他東歐國家不同的是，波赫並非一個以單一絕大多數民族構成的國家，而是由三個主要民族構成：塞爾維亞人（Serbs）、波士尼亞人（Bosniaks）和克羅埃西亞人（Croats）。塞爾維亞人在波赫是第二大民族，占全國人口三成，主要聚居於塞族共和國內，同時也是塞爾維亞（Serbia）在國外最大的塞爾維亞人群體。

那麼，為什麼波赫內有著如此大的塞爾維亞人群體，而且還是個擁有極高自治權的政治實體呢？又為什麼這個塞族共和國沒有在南斯拉夫（Yugoslavia）解體時，劃歸給塞爾維亞呢？

首先，我們先說一說波赫近代史。波赫地區在十九世紀或之前，跟其他現代巴爾幹地區國家一樣，曾受到鄂圖曼帝國（Ottoman Empire）近五百年統治。在這五百年中，很多波士尼亞人皈依了伊斯蘭教，這些人當時被稱為穆斯林族（Muslims）。十九世紀時，歐洲風雲色變，民族主義興起，波赫地區也不例外，經常尋求更大權利和自治權。波赫民族運動分成兩派，一派以克羅埃西亞人為首，一派則以塞爾維亞人為首。他們不約而同地宣稱穆斯林族與他們為同一種族，藉此擴大自身在波赫的民族地位。然而這其實是種政治角力，因為事實上在十九世紀以前，穆斯林族根本沒有自身民族身份認同。一八七八年，奧匈帝國（Austria-Hungary）從鄂圖曼帝國手中奪取了波赫地區統治權，在奧地利人和匈牙利人統治下，塞爾維亞人感覺自己權利和地位愈來愈低，與奧匈帝國關係變得愈來愈差。

✧南斯拉夫

這種潛在危機最終還是爆發了。一九一四年，一名來自波士尼亞的塞爾維亞人加夫里洛・普林西普（Gavrilo Princip）在波赫首府塞拉耶佛（Sarajevo）刺殺了奧地利大公法蘭茲・斐迪南（Franz Ferdinand，Archduke of Austria），他是當時奧匈帝國皇儲，這次刺殺事件迫使奧匈帝國向塞爾維亞宣戰，由此引發第一次世界大戰。一九一八年，一戰結束，奧匈帝國戰敗解體，波赫地區加入了新成立的南斯拉夫王國（Kingdom of Yugoslavia）。南斯拉夫王國主張統合斯拉夫人，原稱為「塞爾維亞人、克羅埃西亞人和斯洛維尼亞人王國」（Kingdom of Serbs, Croats and Slovenes），是由泛斯拉夫人構成的國家。

然而，雖說南斯拉夫王國是個泛斯拉夫人國家，但實際上卻由塞爾維亞人主導，王室也是來自塞爾維亞。波赫內的塞爾維亞人當然支持由塞爾維亞人領導南斯拉夫，但這種情況卻引起了國內其他非塞爾維亞斯拉夫民族不滿。一九三九年，第二次世界大戰爆發，波赫被法西斯（Fascist）烏斯塔沙（Ustaše）控制的克羅埃西亞吞併，發生了一次慘絕人寰的種族滅絕事件，居住在波赫地區的猶太人和塞爾維亞人被大肆屠殺。這場屠殺從此使克羅埃西亞人與塞爾維亞人間的關係達至了無法修補的缺裂。

戰後，南斯拉夫人民解放軍和游擊隊（Yugoslavia Partisans）取得了南斯拉夫政權，在強人鐵托（Josip Broz Tito）領導下，克羅埃西亞重新併入南斯拉夫，波赫就此回歸南斯拉夫，成為了一個獨立的加盟共和國。然而，雖然南斯拉夫重組了，但克羅埃西亞與塞爾維亞人之間的矛盾，卻沒有因此而得到緩和。

當時，南斯拉夫一共有六個加盟共和國，分別是塞爾維亞、黑山（Montenegro，或譯蒙特內哥羅）、斯洛維尼亞（Slovenia）、克羅埃西亞（Croatia）、波赫和馬其頓（Macedonia，現稱北馬其頓 Northern Macedonia）。波赫與其他幾個加盟共和國不同的是，其他加盟共和國由占絕大多數的單一民族組成，波赫卻是由三個人口數目相近的民族組成——克羅埃西亞人、塞爾維亞人和穆斯林族。二十世紀中葉後，南斯拉夫實行壓制民族主義政策，宣揚「大斯拉夫民族」，此舉在波赫尤為重要。為了壓抑波赫境內的民族主義危機，波赫三大民族在波赫政府中有著對等的代表，以維持三大民族平等的表象。

不過，這只是一種表面和諧。民族之間的衝突和矛盾，始終並沒有解決。

一九九〇年代，東歐再一次發生劇變。以共產主義作為國策的南斯拉夫，經濟幾近崩潰，資源分布不均，國內動亂日增。作為一個多民族國家，南斯拉夫各民族之間的矛盾和排斥愈演愈烈。一九九二年，斯洛維尼亞、克羅埃西亞、波赫和馬其頓率先脫離南斯拉夫獨立。這些加盟共和國相繼脫離後，南斯拉夫便更名為「塞爾維亞與黑山」。黑山和科索沃（Kosovo）也分別在二〇〇六年和二〇〇八年脫離宣布獨立，南斯拉夫自此正式壽終正寢，變成今天的塞爾維亞。

✧波士尼亞內戰

南斯拉夫解體時情況並不和平，民族間矛盾最終演變成一場又一場的南斯拉夫內戰。而發生在一九九二年至一九九五年間的波士尼亞內戰（Bosnian War），便是促成今天波赫塞族共和國出現的直接原因。

一九九二年，波赫境內舉行獨立公投。由於波士尼亞人和克羅埃西亞人均支持獨立，所以公投在獲得六成多贊成票的情況下，宣布脫離南斯拉夫。然而，波赫境內的塞爾維亞人卻反對這次公投結果，他們絕大多數反對脫離南斯拉夫。原因很簡單，南斯拉夫雖然是一個多民族國家，各民族在議會中持份者也不少，但是主要職位卻多由塞爾維亞人擔任。也就是說，南斯拉夫是一個由塞爾維亞人主導的多民族國家。無怪乎波赫境內的塞爾維亞人，會反對波赫脫離南斯拉夫獨立，因為這會直接影響他們在新成立的波赫國家中的地位。

於是，公投之後隨即而來的便是內戰，克羅埃西亞支持波士尼亞人和克羅埃西亞人，而塞爾維亞和黑山則支持波赫塞爾維亞人。波赫塞爾維亞人占據波赫東部地區，宣布成立塞族共和國，企圖擺脫新生波赫國家的控制。在戰爭期間，塞族共和國軍隊在斯雷布雷尼察（Srebrenica）進行了大屠殺，超過八千名非塞爾維亞族裔被殺。整場波士尼亞內戰十分慘烈，造成了十萬人死亡，其中波士尼亞人和克羅埃西亞人占了三分之二。最終，雙方在一九九五年簽訂岱頓協定（*Dayton Agreements*），同意停戰。

✧民族主義炸彈

在岱頓協定下，波赫成為一個邦聯制國家，波赫聯邦占有波赫百分之五十一的領土，而塞族共和國則占有餘下的百分之四十九。也就是說，塞族共和國名義上雖為波赫一部分，但實際上卻是個政治實體，不受波赫聯邦干涉。戰爭爆發前，波赫各民族本混居在一起，但當戰爭結束後，敵對的兩大民族陣營卻分而居之。由於波赫聯邦和塞族共和國各占一半領土，兩者都無法完全支配對方，波赫從此變成一個極度分崩離析的國家，直至今天仍潛藏著極大民族政治危機。

有些波士尼亞人和克羅埃西亞人認為，塞爾維亞人並不是該地上的原住民，根本沒有資格占據塞族共和國領土，他們只是通過清洗當地民族達至鵲巢鳩占。有些塞爾維亞人則認為，他們不應該置於波赫主權之下，而應併入塞爾維亞。由此可見，波赫未能以自身力量維持領土完整和統一，需依靠北約的軍事任務部隊維持波赫國內和平。

波赫存在極大的分離主義問題，民族間矛盾沒有因為停戰後變得更加融洽，問題反而變得更加嚴重。國內不少機構、學校和社區仍以種族作為劃分準則，各民族之間的合作幾乎不可能。而且，雖然歐盟鼓勵曾因內戰而逃離波赫的人返回家鄉，但即使是返回波赫的人還是不敢選擇居於自己種族處於少數的地區。因為國內種族問題，波赫的政治和行政架構極其複雜，而且加上國際持續干預，國家發展變得極為困難。因此，今天的波赫在東歐諸國中是個較為貧窮的國家，在經濟轉型上仍須克服很多政治問題。

主權每半年更換一次：兩國共管的費桑島

比達索阿河（River Bidassoa）是法國與西班牙接壤的自然邊界，河中間有一座小島名叫「費桑島」（Pheasant Island）。該島約二百公尺長和四十公尺寬，長滿樹木，看上去並無特別，它的歷史卻非常有趣，在過去三百五十年間主權變換超過七百次。費桑島離兩國領土只有十數公尺，每隔半年雙方便會舉行主權移交儀式，輪流管有這座小島的主權。值得注意的是，平時它是禁止訪客進入的。

為什麼這個小島有著這麼特別的主權安排？這要說回三百多年前的事了。

一六四八年，歐洲一場慘烈的戰爭——三十年戰爭（Thirty Years' War）終於結束了。曠日持久的戰爭耗盡了歐洲各國的元氣，但是法國和西班牙之間在這年卻繼續燃起了戰火。這是法國國王路易十四（King Louis XIV）和西班牙國王菲利普四世（King Philip IV）之間的戰爭，但是後者節節敗退，最後決定割地求和。一六五九年十一月七日，雙方決定簽訂和約《庇利牛斯條約》（*Treaty of Pyrenees*）。為了找尋一處中立、具代表性的地區簽訂條約，雙方同意在兩國的邊界河流比達索阿河上的一座小島——費桑島上進行簽署儀式。

《庇利牛斯條約》中規定法西兩國將每隔六個月向對方移交島的主權，以示彼此間的和平和平等。每年二月一日至七月三十一日，小島主權屬西班牙，其餘日子則屬法國。從那時起，費桑島成為了法國和西班牙的中立交涉地，也成為了法國國王和西班牙公主或西班牙國王和法國公主舉行婚禮的地方。費桑島的共管制，一直實行至今。

與兩國相鄰的都城：斯洛伐克首都布拉提斯拉瓦

現今布拉提斯拉瓦（Bratislava）是東歐國家斯洛伐克（Slovakia）首都，與奧地利和匈牙利接壤，是世上其中一個規模最小的首都。這座城市原名「普雷斯堡」（Pressburg），是個德語名稱，離奧地利首都維也納只有一個小時車程，但與之比較，布拉提斯拉瓦城市規模和發展卻遠不及維也納。

雖然如此，布拉提斯拉瓦在歷史上的地位舉足輕重。它曾是十六至十八世紀時匈牙利王國（Kingdom of Hungary）首都，曾經作為對抗摩拉維亞人（Moravians）和土耳其人的前線。十六世紀後，奧地利王室哈布斯堡家族（House of Habsburg）同時成為匈牙利國王，布拉提斯拉瓦由於鄰近奧地利政治中心維也納，也就順理成章地成為匈牙利王國首都。

十八世紀時，神聖羅馬帝國皇帝查理六世（Charles VI, Holy Roman Emperor）死後無子，他的獨生女瑪麗亞．特蕾莎（Maria Theresa）繼承奧地利王位，然而她的女性身份隨即成為其他歐洲強國入侵奧地利的藉口，奧地利王位繼承戰爭（War of the Austrian Succession）就此爆發。

年輕的瑪麗亞當時在多瑙河從維也納乘船前往布拉提斯拉瓦，在匈牙利人前展現了她勇敢堅強一面。歷代哈布斯堡家族成員從小便會學習西班牙騎術，瑪麗亞也不例外。在匈牙利，她騎馬在馬背上表演精湛劍術，贏得有「馬背上的民族」之稱的匈牙利人支持。匈牙利人民被她精湛的騎術迷倒了，他們決定助這位新任女王一臂之力，為奧地利參戰，最後瑪麗亞才得以保住王位。

要說布拉提斯拉瓦最標誌性的建築物，便非布拉提斯拉瓦城堡莫屬了。布拉提斯拉瓦城堡原名普雷斯堡城堡（Pressburg Castle），位於該城一個鄰近多瑙河的小山丘上，建於九世紀，是當時統治該地的大摩拉維亞（Great Moravia）重要據點。十一世紀後，這座城堡成為匈牙利王國創建者伊什特萬一世（Stephen I, King of Hungary）的統治中心。布拉提斯拉瓦城堡居高臨下，而且鄰近多瑙河，易守難攻。十三世紀時韃靼人（Tartars）侵略匈牙利，匈牙利人據守這座城堡而力保不失，成功保衛了家園。布拉提斯拉瓦城堡也是匈牙利人防禦西方入侵的重要據點。

十六世紀後，匈牙利王國和奧地利大公國（Archduchy of Austria）組成共主邦聯。由於布拉提斯拉瓦鄰近維也納，當鄂圖曼土耳其人（Ottoman Turks）向歐洲擴張，匈牙利和奧地利首當其衝，這座城堡就發揮了保護維也納的重要功能。

布拉提斯拉瓦是歷代匈牙利國王加冕地點，布拉提斯拉瓦城堡成為匈牙利王室官方代表處。瑪麗亞．特蕾莎繼位後，起用了大量優秀工匠進行大幅擴建，使這座城堡不再只是軍事要塞，而更像是一座宮殿、一座代表國家的重要建築，外圍有著法式庭園。

然而，瑪麗亞及其子繼承人約瑟夫二世（Joseph II）死後，布拉提斯拉瓦城堡便被荒廢了。十九世紀初，這座城堡的軍火庫發生了一次大火，把城堡燒成一片火海，只剩下頹垣敗瓦。要到第二次世界大戰結束後，布拉提斯拉瓦城堡才得以重建。

一九一八年第一次世界大戰結束後，奧匈帝國解體，捷克斯洛伐克（Czechslovakia）是其中一個衍生出來的新國家。一九六八年，捷克斯洛伐克政府在布拉提斯拉瓦城堡簽訂《捷克斯洛伐克聯邦憲法法案》（*Constitutional Act on the Czechoslovak Federation*），成為一個聯邦制國家。一九九三年，捷克與斯洛伐克和平分離，斯洛伐克的獨立憲法法案也是在布拉提斯拉瓦城堡簽訂，布拉提斯拉瓦亦從此成為了斯洛伐克首都。

階級大合作：荷蘭獨立建國史

十六世紀的歐洲正是文藝復興以及科學發展的鼎盛期。隨著城鎮興起，當時的歐洲社會，除了傳統的平民和貴族階級外，開始出現第三個階級：資產階級。現代荷蘭（The Netherlands）、比利時、盧森堡（Luxembourg）和法國東北部等大片土地，在當時稱為尼德蘭地區（The Nederlands），有時也會被稱為低地國（The Low Countries）。這些地區是歐洲其中一個資產階級冒起的地方，那裡商業發展非常繁榮，手工業和工商業非常發達。而且因為新航路的發現，尼德蘭地區的經濟程度已經相當高，是歐洲最先進和富庶的地區之一。

當時尼德蘭地區由西班牙哈布斯堡王朝（The Habsburg Dynasty of Spain）統治。一五五六年，西班牙統治者透過聯姻，取得了尼德蘭統治權和王位繼承權，因此尼德蘭地區一直都是西班牙領土。不過，西班牙屬於傳統天主教陣營，其封建思想根深蒂固。作為封建制度最上層者，西班牙統治者在尼德蘭進行了中世紀歐洲封建制度的殘酷統治——以剝削和奴役作為統治手段。他們一直以殖民者心態統治著尼德蘭。

西班牙在尼德蘭倒行逆施的統治使尼德蘭經濟受到了很大打擊，造成許多工廠倒閉，失業人口上升。對於著重經濟發展的尼德蘭，這種統治手段同時引起了尼德蘭平民、貴族和資產階級不滿。對平民來說，他們生計大受打擊；對貴族來說，他們希望可以擺脫西班牙控制，繼續發展商業，而且他們也希望乘宗教改革的熱潮，奪取天主教會的土地和財產；對資產階級來說，他們不滿商業經濟發展成果被封建統治者搾取。就這樣，尼德蘭三大社會階級出現了有史而來首次利益一致，後來造就他們團結地對抗西班牙統治者。

一五五〇年，西班牙國王卡洛斯一世（King Carlos I）在尼德蘭設立宗教裁判所，以驅除異端的名義，頒布了「血腥詔令」，大肆逮捕及迫害新教徒。卡洛斯一世之後的菲利普二世（King Philip II），更擴大了教會在尼德蘭的權力，架空了尼德蘭總督，並規定所有尼德蘭事務，都必須得到教會同意。而且，西班牙駐軍規模也愈來愈大，使尼德蘭人民相當不滿。

這種不滿情緒日益擴張，最後在一五五六年，尼德蘭人民爆發了大規模的示威。他們包圍總督府，要求停止迫害新教徒。帶領這趟示威的，是貴族奧蘭治親王威廉一世（William I, Prince of Orange）。可是，尼德蘭總督並沒有向請願的人民作出任何表示，反而喝罵和驅散他們。這天之後，尼德蘭人民便決心要造反了，一場資產階級革命就此爆發。

一五六八年，尼德蘭資產階級革命爆發，讓西班牙統治者大為震驚，也是他們所始料不及的。當時西班牙是歐洲天主教陣營堡壘，在宗教改革浪潮迭起的歐洲，根本無暇兼顧尼德蘭革命。雖然如此，西班牙還是調動了軍隊，前往鎮壓叛亂。

一五七四年，西班牙軍隊包圍了海濱城市萊登（Leiden），但團結一致的尼德蘭人民並沒有投降的打算，堅守城池數月之久。最後他們心生一計，以洪水淹沒了西班牙軍隊，解除了萊登的威脅。這是尼德蘭第一次勝利，而且意義深遠，因為鼓動了其他人民，反抗運動從此席捲整個尼德蘭地區。北方起義軍後來擁立了貴族奧蘭治親王威廉一世，成立了革命政權。然而，北方起義軍和南方起義軍一直存在分歧，其中一項便是宗教問題。

一五七九年，北方尼德蘭諸省成立烏得勒支同盟（Union of Utrecht），繼續反抗西班牙；至於南方尼德蘭諸省，則成立阿拉斯同盟（Union of Arras），選擇向西班牙人妥協，兩者命運開始愈走愈遠。在此後數年間，北方起義軍多次打敗西班牙人，而南方起義軍卻遭到西班牙軍隊打擊而遭受失敗，最終仍處於西班牙控制下。一五八一年，烏得勒支同盟的北方七省宣布脫離西班牙統治，廢黜西班牙國王菲利普二世，成立「尼德蘭七省聯合共和國（Republic of the Seven United Netherlands」。然而，威廉一世卻在一五八四年被一名狂熱的天主教徒刺殺身亡，無緣目睹尼德蘭獨立。

長年對外戰爭，西班牙國內開始出現統治危機，無暇兼顧與七省共和國的戰爭。於是在一六〇九年，西班牙與共和國簽訂「十二年休戰協議」（*Twelve Years' Truce*），七省共和國在這時得到實際獨立。

一六一八年，整個歐洲捲入了稱為「三十年戰爭」的大型戰爭，西班牙也不例外。尼德蘭乘著「十二年休戰協議」結束和西班牙忙於參與三十年戰爭，於一六二一年再次牽起與西班牙的戰爭。當時西班牙已非昔日強權，尼德蘭在奧蘭治親王腓特烈·亨利（Prince Frederick Henry of Orange）帶領下，取得了多次重要勝利，扭轉了戰爭初期的劣勢。

由於曠日持久的三十年戰爭為參戰國家帶來極負面的經濟打擊和國力受損，最終歐洲各國於一六四八年簽訂了《威斯特發利亞和約》（*Peace of Westphalia*），而尼德蘭在此和約正式獨立成為主權國家，西班牙也在戰爭後失去位於歐洲大陸的大量領地和霸權，只好承認尼德蘭獨立。荷蘭省（Holland）作為尼德蘭七省聯合共和國的政經中心，以及身負領導其他六省的地位，因此尼德蘭獨立後正式改名為「荷蘭共和國」（Dutch Republic）。

這場自一五六八年起，直到一六四八年荷蘭才贏得獨立的戰爭，在歷史上稱為「八十年戰爭」（Eighty Years' War）。荷蘭獨立戰爭是資產階級在歐洲抬頭的證明，資本主義在荷蘭得以扎根和迅速發展起來。對於歐洲開始搖搖欲墜的封建制度和教會來說，無疑是沉重打擊。把封建統治者驅逐出國的荷蘭人，很快便取代西班牙成為海上霸權，正式躋身成為歐洲其中一個殖民大國。

拿破崙無心插柳柳成蔭：智利獨立建國史

✧在西班牙人來到之前

智利是南美洲一個共和制國家，官方語言是西班牙語，擁有修長的國土範圍，因此被稱為「絲帶國」。與南美洲很多其他國家的歷史一樣，智利曾經是西班牙殖民地，直至十九世紀初才脫離宗主國獨立。

十五世紀時，今天的智利領土範圍，其實並非是個統一國家，而是由眾多分散的印第安部落（Indian Tribes）構成。他們雖然擁有相似文化和語言，但卻從沒出現過能統領所有部落的中央政府組織。

智利北部的印第安人主要以捕魚和農耕為生。後來，從秘魯地區崛起的印加人征服了這個地區的印第安人，從此成為了印加帝國（Inca Empire）一部分。不過，印加帝國卻未能把勢力範圍擴及至智利中部及南部地區。

居住在智利南部的印第安人則稱為阿勞卡尼亞人（Araucanians），分散在智利南部。這些阿勞卡尼亞人與北面的印第安人不同，他們沒有演變成部落，群居生活程度只停留在家庭或村落等單位。阿勞卡尼亞人也不重視農耕，主要還是依靠狩獵、採集、捕魚、易物和搶掠為生。

十六世紀中葉，西班牙人來到南美洲，迅速征服了印加帝國。一五三六年，西班牙人開始進攻智利地區，北部很快便被征服，南部阿勞卡尼亞人則進行了激烈抵抗。西班牙人擁有精良裝備和武器，而且帶來的疾病很快便使阿勞卡尼亞人三分之一人口死亡。在無力抵抗的情況下，智利南部也就被西班牙成功征服了。

✧淪為西班牙殖民地的智利

智利淪為西班牙殖民地後，由位於首府設於利馬（Lima）的秘魯總督區直接管轄（Viceroyalty of Peru）。西班牙殖民者發現這裡不像其他南美洲殖民地擁有豐富礦藏，礦產少得可憐。因此，他們只能在這裡發展農業，種植蔬果和穀物等等。但這些農產品的產量卻只僅僅夠滿足智利地區的需要，無法出口到其他地方。由於智利較其他殖民地貧窮，因此人口很少，奴隸供應自然也十分少，導致移民到智利的西班牙人要自己親自投入工作。

十六世紀末，由於智利實在太不吸引人，定居於此的西班牙移民較其他殖民地要少很多。在西班牙人眼中，智利是個虧損之地，西班牙王室除了每年要提供財政援助外，還要應付駐軍在聖地牙哥（Santiago）以防止阿勞卡尼亞人叛變的軍費開支。

因此一直以來，西班牙並不重視智利這個殖民地。在十八世紀，西班牙轉而派遣平庸的官員管治，並聽令於秘魯總督，限制當地移民獲取行政經驗的機會，智利因此一直處於經濟發展低下的水平。基本上，當地軍隊高層對智利擁有絕對控制權，智利人若對政策有什麼不滿，理論上可以向秘魯總督或西班牙國王投訴，但這個機制基本上與不存在沒有分別。

成為西班牙殖民地後，智利人口結構出現了極大變化，成為了今天獨特的智利民族。智利在一八一八年取得獨立前，人口便高達五十萬，當中麥士蒂索人（Mestizo）占六成人口，即約三十萬人。所謂麥士蒂索人，是西班牙和葡萄牙發明的一個詞彙，指歐洲白人與印第安原住民生下的混血後代。而被稱為克里歐佑人（Creoles）則是土生土長的歐洲白人，占了約三成人口，即十五萬人。餘下人口是黑人和一些被解放了的印第安人。在當時社會，半島人（Peninsulares）——那些直接從西班牙來的歐洲白人地位最高，接著是克里歐佑人、麥士蒂索人、印第安人，地位最低的是非洲黑人。

由此可見，當時的智利居民，大部分都擁有歐洲白人血統，他們主要聚居在阿空加瓜山谷（Aconcagua Valley）和中央山谷（Central Valley），而這裡就成為了智利國族的搖籃。

✧智利的獨立意識

十九世紀初，智利開始由西班牙委派的總督代為統治，並聽命於布宜諾斯艾利斯（Buenos Aires）指揮。但萬萬沒想到的是，歐洲此時經歷風雲色變，美洲也伴隨出現翻天覆地的變化。北美十三英屬殖民地（Thirteen Anglo-American Colonies）及法屬海地（Hatti）成功脫離宗主國取得獨立，同時又得知歐洲爆發法國大革命，以及西班牙王室因國勢下滑而失去牢牢控制美洲殖民地的能力後，竟然促使了智利萌生獨立的念頭。

一八〇八年，成為法國最高統治者的拿破崙・波拿巴帶領法軍入侵西班牙，半島戰爭爆發。他很快便推翻了西班牙王室，俘虜了國王斐迪南七世（Ferdinand VII），並扶殖了自己哥哥約瑟夫・波拿巴（Joseph Bonaparte）成為西班牙國王。未幾，西班牙保王派繼續抵抗拿破崙，宣布成立軍政府，暫時代替西班牙王室統治西班牙及其轄下殖民地。

智利領導階層當時因為西班牙局勢混亂而頗為煩惱。他們應向誰效忠？是法國扶殖的西班牙傀儡政權、西班牙保王派軍政府還是由我們智利人自行當家作主好？當然，這種議題必會產生眾多不同立場：有人主張獨立，有人則主張繼續效忠西班牙王室。最後，智利的政治領袖們作出了折衷但還是嶄新的一步：在繼續表示效忠西班牙國王斐迪南七世前提下，成立完全自治政府。作出這個決議那天是一八一〇年九月十八日，該天被視為智利走向獨立的第一步，也因此成為今天智利的國家獨立紀念日。

智利實行自治後，立即成立國會、開放所有港口、制定代表智利的旗幟和徽號，並出版智利第一份報章。雖然很多智利人傾向趁此機會完全脫離西班牙，但一些與西班牙有緊密連結的社會上層人士卻因為利益關係強烈反對，使雙方日漸形成兩股互不相讓的勢力。

從一八一〇年至一八一三年這段期間，智利本土情緒其實還是比較和平，與西班牙政治上的曖昧關係也沒太大問題。智利基本上依靠本土資源和力量，已經能夠完全不依賴殖民地總督提供任何支援。智利自治政府在這幾年作出了不少改革，例如放寬了貿易限制、出版了報章以宣揚本土為先的理念、興建了國立學院（National Institute）並提升了國內教育水平。

雖然這數年間智利比較和平，但卻同時埋下了動盪的近因，原因在於隨著教育水平上升及能夠自給自足，社會上開始出現了更多智利應否獨立的爭拗聲。身為自治政府主席的荷西．米格爾．卡西拉（José Miguel Carrera）及其兄弟本來支持智利獨立，但因個人野心和政治利益，卻開始對獨立運動避而不談，大大刺激了當地民族情緒。於是，就在一八一四年，動盪終於爆發了。

✧智利獨立運動

一八一四年，西班牙擔心智利的自治會終使其有意脫離西班牙控制，於是趁著智利內部出現的政治矛盾，在秘魯調動軍隊入侵智利。他們成功推翻了智利自治政府，使智利重新淪為殖民地，智利獨立運動領袖貝爾納多・奧希金斯（Bernardo O'Higgins）被迫流亡至阿根廷（這時阿根廷已宣布獨立）。

後來，奧希金斯在阿根廷組職軍隊，並聯同致力推動南美洲獨立運動的阿根廷門多薩總督荷西・德・聖馬丁（José de San Martín，他是後來幫助秘魯獨立的主要人物），在一八一七年越過安第斯山脈，與西班牙及其保王派勢力爆發了一連串戰事。在艱苦卓絕的努力下，他們終於擊敗西班牙軍隊，在一八一七年二月十二日取得實際獨立，次年宣布了智利共和國成立。奧希金斯成為智利共和國第一位最高執政官，積極建立海軍肅清包圍智利的西班牙艦隊。從此，智利脫離了西班牙近三百年的殖民地統治。

獨立後的智利初期政治局勢仍然不穩，兩名卡西拉兄弟被處決，而前自治政府主席荷西・米格爾・卡西拉也在一八二一年遭處決，使分別支持兩方的克里歐佑人階層更顯撕裂。另外，帶領獨立運動的政治階層繼續掌控政府各個行政單位，至於其他在智利獨立運動中不甚參與或只作旁觀的官員，則全數被踢出政府。

中美洲神祕國度大解構：阿茲特克人嚴謹社會階級

相信很多人都有聽過中美洲的阿茲特克文明（Aztecs）。究竟這個曾經雄霸中美洲的帝國有著怎樣的社會結構呢？

✧ 金字塔頂端：國王

阿茲特克帝國階級流動性極低，而且階級鮮明，是很典型的中古封建社會。在整個阿茲特克的階級金字塔中，位處最頂端的是國王。歷代國王享有十分廣泛的權力，帝國事無大小都需要由他決定，其中包括大至國家層面的如主持宗教祭祀儀式、對外發動征服戰爭、國家日常管治職務，小至如街道清潔、祭祀時的編舞安排和各種競技比賽主持等等，負責範疇極多。翻查阿茲特克歷代國王歷史，除了以上提及日常煩瑣的工作外，更可發現他們還要經常受到各種各樣的統治困擾，如政治陰謀、刺殺威脅、宮廷權鬥、叢林火災和戰爭外患等等。可想而知，在當時當阿茲特克帝國國王可不是容易的事啊。

阿茲特克帝國是由遍佈墨西哥谷（Valley of Mexico）和周遭山脈的多個城邦組成。十六世紀西班牙人來到之前，阿茲特克帝國是中美洲霸主，各城邦皆臣服在國王號令之下。而且有趣的是，這些城邦呈現極度相近的社會結構和建築風格。城邦正中心是王宮、神廟和市集等等政治、宗教和經濟核心，外圍則是民居。王宮亦非純粹是國王居所，還同時是阿茲特克人信仰的神明棲息地和日常的政府行政中心，很多社會活動都會在這裡舉行。

雖然阿茲特克帝國採用世襲制度傳承王位，但世襲卻並非全是理所當然。王位繼承者需要由貴族議會遴選，從上任國王父系家族中挑選合適候選人。因此，阿茲特克帝國王位大多是兄終弟及或父死子繼的方式傳位。不過偶爾也有特殊情況發生，例如由前任國王姪子、外甥或孫子繼承王位。新任國王登基後，按照傳統，他必須證明自己驍勇善戰，是當之無愧的勝利者和帝國領袖，是阿茲特克主神特斯卡特利波卡（Tezcatlipoca）所應許之人。於是，做畢一連串登基儀式和進行宗教冥想之後，他便要帶領軍隊出征打仗，戰勝敵人之餘還得搜捕俘虜作為祭牲品。

阿茲特克國王生活極度奢華，他們穿著最華麗的衣服，頭戴著金光閃閃的尖型王冠，吃著最美味可口的食物。他擁有城邦所有土地，並向住在這片土地上的人徵收稅金。宗教方面，他是特斯卡特利波卡的使者，國王一言一論帶有重大宗教分量，因此他同樣是各種宗教儀式中最重要的主持人。軍事方面，國王是軍隊大元帥，負責帝國向外征服和對內防衛的責任，經常帶著士兵親征。

據民族學者方濟各會修士貝爾納迪諾・德・薩阿貢（Bernardino de Sahagún）研究所知，阿茲特克國王需要在各範疇展現其對帝國傳統的重視。這些傳統涵蓋方面十分廣泛，諸如戰爭打仗、死者往生、歌舞表演、球類競技、市集營運、貴族任命、應付饑荒、抵抗瘟疫、獻祭神明、城市治安和清潔衛生等等都要顧及。

如果社會上出現連法庭都無法處理的糾紛，國王便要擔任仲裁者主持公道，這顯示出阿茲特克帝國擁有一套頗有系統的管治制度。值得注意的是，阿茲特克人並非握有權力高度集中的獨裁者高壓統治下的臣民。相反，在阿茲特克社會裡，貴族議會常常要解決平民之間的爭執問題，擁有仲裁和司法功能。至於由王室成員組成的議會則有限制君權的權力，當他們認為現任國王不再適合統治時，可以將其廢黜。例如，蒂索克國王（King Tizoc）便是因為在戰場上表現不佳，而被王室成員設計暗殺。

西班牙人征服阿茲特克帝國後不久來到中美洲當總督的阿隆索·德·朱利塔（Alonso de Zorita）就曾說過：「阿茲特克人的司法制度和系統十分完善，是設計用來保障平民權利。」

後來歷史學家研究阿茲特克帝國稅制時，發現到它雖複雜卻又清晰，顯示當時國王不能隨意侵吞私產。稅制同時也闡明了帝國的階級金字塔：金字塔下層的人一級一級向上層繳交稅款。

✧貴族：特庫特利和皮皮利丁

在國王之下的便是貴族階級，人數不多，只占整個阿茲特克社會人口結構二十分一。他們是特權階級，其獨有權利受到法律明文保障。貴族階級是個封閉階層，只有貴族後代才能繼承貴族身份，平民並無任何方法成為貴族。也就是說，阿茲特克社會流動性極低。舉個例，如果一名貴族所生兒子在吉祥日出生，祭司多會預言這個新生嬰兒未來將會成為富甲一方的貴族領袖。而為了讓預言實現，這個嬰兒在成長過程中往往會被賦予各種特權，以鞏固祭司作為宗教權威的身份。可是，平民所生的就不同了。即便他同樣是在吉祥日出生，他最多只會被預言成為一個勇猛戰士，能夠得到為國王和帝國效力的機會，卻沒有任何方法更上一層樓。

阿茲特克帝國嚴格的法律確保了貴族特權。例如法律規定只有貴族才可以擁有兩層高的樓房、配戴貴重珠寶裝飾、穿著華麗衣服等等。此外，雖然帝國所有土地皆為國王所有，貴族名義上並不擁有土地，但國王卻會把土地的「代理使用權」封給名門望族，而這種代理使用權更可以代代相傳。因此實際上，貴族仍是地主階級。

貴族也分成不同等級。高階貴族稱為「特庫特利」（Tecuhtli），有「主宰者」之意，是國王近臣，直接向其負責。而低階貴族則稱為「皮皮利丁」（Pipiltin），他們效力和服務的對象則是特庫特利，並居住在其上級的宮殿周遭。不論是特庫特利還是皮皮利丁，他們在祭司團、軍隊和政府中，處於極有利的位置，能夠優先得到帝國最好的工作職位如擔任行省總督、稅務官、法官或外交使節等等。

貴族不只得到法律保障特權，在生活上，他們與一般平民也有所分隔。出生貴族家庭的人會在稱為「卡麥卡」（Calmecac）的特別學校中接受教育。卡麥卡主要接收貴族學生入學，但有時也會接納一些極具資質的平民學生就讀。學校特別之處是它們與主流神殿有一定連結性，學生可以隨時參與神殿各種崇拜工作和儀式。由於阿茲特克帝國是個政教合一的帝國，因此能夠參與宗教相關工作的人自然前途一片光明。

卡麥卡的學生基本上全是天之驕子，未來註定成為社會上的中流砥柱。他們接受占星術、力學、軍事學和神學等等多元化教育，學習時使用的教科書極度精美。較為年幼的學生會先在神殿裡學習當一個祭司。當他們漸漸長大後，便會轉而學習武藝，最後與平民學校學生一起學習兵法。

女性在阿茲特克帝國的社會地位並不高。無論是否來自貴族還是平民家庭，她們一生只圍繞著家庭，大部分時間都在家裡紡織。唯一不同的是，貴族女性無須以紡織出來的布料用作繳稅之用，平民女性則需要不斷紡織，把製造出來的布料向其主人交租交稅。此外，有些女性會把初生女兒捐給神殿，這些女嬰將為宗教信仰奉獻一生時間。

✧經濟動力：平民階級

貴族之下便是平民階級，也是構成整個阿茲特克社會人口結構的絕大多數。他們是主要勞動力來源，多為農夫或漁夫。農耕季節過去後，平民便搖身一變成為其主人的工人或士兵。他們需要定期以其在家生產的物品或替主人耕種向主人繳稅。平民女性則負責家務工作，紡織便是其中一種。由於平民勞動力龐大，阿茲特克人發展出精密的分工和輪更制度，確保平民工作時目標一致，平衡每個人的工作時間。

在昇平時期，他們會為國家興建和維修各種建築物；在戰亂時期，他們則會成為國家主要軍事力量。阿茲特克帝國有點像中世紀歐洲封建社會，除了社會階級流動性極低，軍事上同樣沒有常設軍隊。

大部分阿茲特克平民會被編成不同組別，稱為「卡普利」（Calpolli），在自己專屬農地上耕種，但隨著代代傳承，一個家族的專屬農地或會轉給在相同卡普利的另一個家族。然而並不是所有平民都有所屬的卡普利，有些不屬任何卡普利的平民，大多直接向其主人服務。值得一提的是，平民階級並不代表貧窮。有些平民是商人，他們透過商業貿易累積大量財富。另外有些平民則是工匠，製作受貴族甚至國王青睞的物品而致富。不過，雖然這類平民擁有大量財富，但他們仍無法脫離平民身份而變成貴族階級。

直至阿茲特克帝國中期，國王蒙特蘇馬一世（Moctezuma I）在平民與貴族間創立了一個全新階級——「庫瓦赫皮利」（Quauhpilli）。庫瓦赫皮利類似歐洲的受勳制，是平民階級唯一可以向上流動的階級，是給那些在戰爭中表現傑出的平民的嘉獎，不過這個階級卻不能世襲。可惜的是，到了蒙特蘇馬二世（Moctezuma II）統治時期，庫瓦赫皮利便被廢除了。他認為，帝國一切特權只屬於生為貴族的人。

✧本是自由民的奴隸

平民階級之下便是奴隸階級，稱之為「特拉科丁」（Tlacotin），並非世襲，所生子女是自由民。奴隸可以結婚，也可以擁有私產。基本上，大部分奴隸最初皆是平民，有些人因為犯了重罪而被貶為奴隸，但有更多的是因為無法維持生計或負債累累而賣身。通常賣身所得的金錢僅能夠維持一年生計，一年後便要開始為其主人服務。他們可被轉賣，女性奴隸往往比男性奴隸更貴重。奴隸身份也不是不可逆轉的，只要他們還清債務為自己贖身，便能重新成為自由民。

由此可見，阿茲特克社會是個很典型的封建社會，在社會制度上與中古時期的歐洲十分相似。然而，阿茲特克人的發展始終比脫離了中世紀制度的歐洲要落後，雖然他們在十六世紀時稱霸整個中美洲，但對越洋而來的西班牙人，卻顯得不堪一擊。

古代足球競技：阿茲特克人血祭與榮耀

足球是現今最普及的體育競技之一，是體現運動精神的表表者。但你有沒有想過，歷史上相類似的體育競技，卻充滿著血腥的宗教意義？

中美洲阿茲特克人也曾是熱愛足球的民族。不過，足球在現代人眼中或許只是一種體育競技，但在阿茲特克人眼中，足球卻有很深層意義。那麼，阿茲特克人的足球是怎麼樣的？其實，這種球類競技並非他們發明，在更早前的馬雅文明（Maya）和奧爾梅克文明（Olmec），相似的球類競技便已存在，阿茲特克人只是把它復興。

阿茲特克人稱這種運動為「奧拉馬利茨利」（ōllamalitzli），球場則稱為「特拉赫特利」（Tlachtli），呈「工」字形，正中畫著直線和印記，長三百公尺至六百公尺左右。球場兩邊是斜台，連接著兩幅石牆，石牆上刻著過去球賽的勝負紀錄。兩幅石牆中間分別設有以岩石鑿成的中空圓碟作為「龍門」，直徑近兩公尺。這些中空圓碟雕有動物圖騰，球場周邊則是觀眾和裁判逗留範圍，圍欄會以被活祭的犧牲者頭骨作為裝飾。

阿茲特克人利用硬橡膠製作皮球，重約半公斤左右。球場不像現代足球場上鋪著軟草地，因此當阿茲特克運動員比賽時，會穿著以鹿皮製作的裝備保護身體。不過，這些裝備的保護性能相當有限，運動員在賽事完結後往往都會頭破血流。

為什麼打一場球賽，幾乎所有運動員都會受傷呢？原來，比賽規定皮球不能著地，同時不准運動員使用雙手接球，只准使用手肘、膝蓋、臀部或頭部接球，有點像排球的打法。為了不讓皮球著地，球員很多時候需要飛撲救球而擦傷。雙方隊伍要把皮球弄進對方「龍門」——那個掛在牆上的中空圓碟。不過，因為圓碟孔實在太細，是最困難的得分方式，所以球員往往退而求其次，把球丟到對方場地的印記以取分。

對於阿茲特克人來說，足球並不只是單純的競技運動，而是有著深層宗教意義。原來，阿茲特克人相信天國也有類似球場，相信陽光就在那裡照亮黑夜。在現世建造球場是為了模仿天國，球賽象徵白晝與黑夜間的鬥爭，球員流下的血代表阿茲特克人的祭牲傳統，皮球則代表犧牲者頭顱。

「特拉赫特利」很多時候建在神殿梯級旁，阿茲特克人會在球賽結束後隨即進行活人祭牲儀式，犧牲者的血將會灑在梯級上。比賽雙方會傾盡全力，其中一方全隊將會成為活祭品。不過，究竟是勝方還是敗方會成為活祭品呢？一般人認為應是敗方，但有些歷史學家則認為是勝方。原因很簡單——在阿茲特克人眼中，為祭祀而犧牲是一種至高無上的榮耀。

阿茲特克人極度重視這種體育競技，無怪乎當他們遷進並定居在新土地後，首要建造的不是樓房之類的日常建築，卻是球場。時至今天，中美洲仍有類似的足球競技，稱為「烏拉瑪」（Ulama），深受不少人歡迎。當然，這當中不再包含與祭祀有關的宗教意義了。

回教與基督教交集點：社交節日「亡者星期四」

大家或許知道，基督教和伊斯蘭教彼此間的教義南轅北轍。不過從歷史淵源推斷，他們信奉同一位真神——「亞伯拉罕、以撒、雅各的神」，並與猶太教一同被稱為亞伯拉罕諸教（Abrahamic Religions）。因為對真神的詮釋不同，加上文化發展差異，基督教和伊斯蘭教普遍慶祝的節日也非常不同。雖然如此，但大家知不知道，原來兩個宗教還是有共同節日呢？

這個節日的名稱有點詭異，叫「亡者星期四」（Thursday of the Dead）。「亡者的星期四」還有很多奇怪別稱。它在阿拉伯語中稱作「哈米斯·阿姆瓦特」（Khamis al-Amwat）、「隱秘星期四」（Thursday of the Secrets）或「雞蛋星期四」（Thursday of the Eggs）。

雖說該節日是基督教和伊斯蘭教的共同節日，但事實上我們所熟識的主流基督教會——天主教和新教（Protestantism）等等，並沒有慶祝該節日的傳統，伊斯蘭教方面也是類似情況。這其實是歷史原因造成，「亡者星期四」是個只在中東黎凡特地區（Levant）的基督徒和穆斯林才會共同慶祝的節日。

黎凡特地區是歷史上一個地理名稱，大約指地中海東岸地區，地域範圍包括今天黎巴嫩（Lebanon）、敘利亞和伊拉克等國。黎凡特地區的宗教組成很複雜，不少基督徒和穆斯林混居在一起。

為什麼這兩個宗教的信徒會混居在一起呢？這要追溯到源於十一世紀起發生的十字軍東征。當時，西歐基督徒為了收復聖地耶路撒冷，向東方穆斯林展開了十數次以宗教為名的戰爭，導致不少基督徒從此定居在接近耶路撒冷的地區，也就是黎凡特地區。由於當地信仰和傳統跟歐洲十分不同，因此居住在此地的人信奉的基督教和伊斯蘭教也和主流的很不同。

「亡者星期四」是黎凡特地區獨特宗教歷史發展的其中一個結果。東方正教會（Eastern Orthodox Church）和羅馬天主教會（Roman Catholic Church）的復活節定在不同日子，而「亡者星期四」恰巧定在這兩教會各自復活節之間的星期四。

黎凡特地區的基督徒和穆斯林每年都會慶祝該節日。

如節日名稱可見，這天教徒會悼念他們先祖亡者靈魂。經過漫長歷史發展和改變，現在這個節日卻只與女性有關聯。日出前，眾多女性會來到先人墓碑前稍作祈禱，然後互相分享一種在當地十分普遍的甜食——稱為「卡克．阿斯法爾」（Ka'ak al-asfar）的黃色麵包。祈禱完成後，接著他們便會向親戚和周遭貧苦的人贈送一些自製的風乾水果和黃色麵包。除了這些甜食外，孩童有時還會收到其他甜食，或塗上黃色顏料、加以裝飾過的雞蛋。

漸漸地，「亡者星期四」除了有悼念亡者的象徵意義外，還成為了基督徒和穆斯林女性的喜慶日子和社交活動。

那麼，為什麼基督徒和穆斯林會有這個共同慶祝的節日呢？原來，答案要追溯到八百年前。十二世紀末，埃及阿尤布王朝蘇丹薩拉丁（Saladin, Sultan of Ayyubid Sultanate）統治著黎凡特地區。他早觀察到這地區人口的宗教成分十分複雜，並沒有一個宗教信徒能成為絕對多數。因此，為了減低信奉不同宗教的教徒之間潛在的矛盾與衝突，並增加對彼此的理解，他決定為治下的穆斯林引入當地的基督教傳統。於是，「亡者星期四」這個擁有獨特宗教歷史背景下的節日便在黎凡特地區誕生了。直至今天，這個同時混有基督教和伊斯蘭教風格的節日，仍然宣揚著世界大同和命運共同體的理念。

「亡者星期四」甚至還影響了穆斯林的服喪傳統。當穆斯林親人逝世後，他們逢星期四會到其墳前拜祭和分享食物，周而復始直至來年復活節，而「亡者星期四」便是他們最後一個服喪日。然而，現在穆斯林逢星期四悼念剛逝親人的做法已逐漸減少，但仍有向各人贈送黃色麵包的傳統。

值得一提的是，「亡者星期四」在黎凡特地區雖然有很多奇怪別稱，但在敘利亞霍姆斯（Homs, Syria），它卻有另外一個名稱——「甜蜜星期四」（Thursday of the Sweetness）。這個富有浪漫感覺的名稱，不單源於女性會在當天向孩童派發糖果，更因為她們早在節日來臨前，早已花了不少心思和時間準備這些糖果。

與耶穌無關的古羅馬節日：聖誕節起源

古羅馬人在每年十二月二十五日會普天同慶地慶祝一個節日。他們會在當天與朋友聚會、交換禮物和到處裝飾，富貧無分彼此。這天，羅馬帝國會暫時停止執行犯人處決或發動戰爭，帝國人民都可以享受最快樂的一天。這個節日對羅馬人來說是多麼的和諧，多麼的歡欣。

這是否就是羅馬人的聖誕節？很抱歉，他們並非在慶祝聖誕節。其實，早在耶穌誕生前，這個節日便已在帝國存在。它是羅馬人一個冬至節日，在這天羅馬人慶祝秋天豐收，向農神薩圖爾努斯（Saturnus）表示謝意，並準備迎接冬天到來。這個節日便是「農神節」（Saturnalia）。

據歷史考究，農神節最初是農夫為榮耀農神薩圖爾努斯的一個小慶典，後來才發展成全國普天同慶的節日。位於北非阿爾及利亞的一些羅馬古代遺址，便顯示了農神節早於前三世紀便已存在。農神節定在每年十二月，其慶典期隨著時代演進而愈來愈長。奧古斯都皇帝（Augustus）把農神節定在每年十二月十七日開始，為期兩天。不過到了五賢帝時期（Five Good Emperors），農神節慶典已長達七天。

既然農神節是個重要節日，那麼它很容易會成為一種政治力量。而且，農神節期間有不能處決犯人和發動戰爭的傳統，節日慶典過長可能會不利帝國情勢。於是，過去不少羅馬帝國皇帝希望透過控制農神節各項細節，以彰顯權力，藉此鞏固統治。例如，卡利古拉皇帝（Caligula）曾試圖把農神節慶典縮短至五天，卻不太成功。

又例如，圖密善皇帝（Domitian）故意把農神節改為十二月二十五日舉行，並顛覆所有民間的慶典活動，規定慶典活動都必須由他主持和控制，藉此穩固自己的統治權威。據說圖密善皇帝主持的慶典活動非常奢華，會向人群拋擲很多貴重食物、放生大量紅鶴讓其在羅馬上空飛舞、在晚上舉行被照亮的矮人和女角鬥士表演等等。

三一二年，羅馬帝國皇帝君士坦丁一世（Constantine I）發布《米蘭敕令》（*Edict of Milan*），標誌著帝國對基督徒的迫害正式結束，基督教終於擁有合法地位。在君士坦丁一世的政策下，基督教享有許多特權，教會勢力迅速在羅馬帝國各地擴張。不過，基督教勢力的壯大並不代表農神節就這樣被羅馬人所唾棄。反之，農神節在日漸基督化的帝國裡依然是個非常重要的節日。四到五世紀時，羅馬帝國雖然已由信仰基督教的皇帝統治，但農神節在他們治下仍舊沒有沒落，還是繼續得到重視。

羅馬帝國成為基督教帝國後，聖誕節也在首都羅馬出現了，而且很快便傳到東地中海地區。巧合地，考古學家發現羅馬其中一本古基督教曆法——腓洛卡利安曆（Philocalian Calendar）中，記載著十二月二十五日便是聖誕節。不過，隨著後期羅馬帝國四分五裂帶來的影響，基督教曆法也出現了不同的派別和版本。這些曆法對於聖誕節訂明在哪一天也有不同的說法。其中東羅馬帝國教會便把聖誕節定在每年一月六日，以紀念耶穌誕生、洗禮和神蹟。

然而，聖誕節雖然與農神節一樣都是在十二月二十五日，不過聖誕節似乎並不是直接從農神節衍生出來。早在農神節之前，東方便有一個異教節日盛行起來——「無敵太陽誕生日」（dies natalis solis invicti）。這個節日同樣也有記載在腓洛卡利安曆中，是東方異教徒禮拜他們信仰「無敵太陽」的日子。「無敵太陽」信仰來自敘利亞地區，所指的是來自波斯的一神教「瑣羅亞斯德教」（Zoroastrianism）中唯一的神「密特拉」（Mithras）。瑣羅亞斯德教與基督教教義有著很多相似的地方，比如說它們都是一神教，也同樣有天堂地獄之說以及末日審判等等。有些學者認為，基督教的教義很大程度是受到瑣羅亞斯德教影響。

敬拜「無敵太陽」的行為在二七四年於羅馬帝國開始流行起來，當時在位的奧勒良皇帝（Aurelian）承認「無敵太陽」是帝國合法宗教之一。他甚至在鑄造的錢幣裡加入「無敵太陽」的象徵。

「無敵太陽」信仰很順利地與羅馬傳統宗教融合，讓屬於羅馬傳統宗教節日的農神節，大大影響了「無敵太陽誕生日」這個異教節日的特徵和意義，使之與農神節愈來愈相似。透過「無敵太陽」的神權化和農神節極大的宗教意義，後期羅馬統治者獲得了神聖化的地位。

宣布基督教合法的君士坦丁一世自幼便是在「無敵太陽」信仰下成長的。對於他來說，一神教理論已經深深植入他思想中。因此，羅馬帝國成為一神教國家的情勢已是不可逆轉。只是到了最後，出於政治需要，君士坦丁一世選擇了基督教。聖誕節的出現，很可能便是基督教羅馬帝國用來取代「無敵太陽誕生日」的節日，而非用來取代農神節。正確一點來說，聖誕節取代了富有農神節色彩的「無敵太陽誕生日」。

時至今天，一般認為聖誕節雖然與農神節有密切關係，但其實它卻非直接由農神節衍生出來。

俄國歐洲化怪誕產物：彼得大帝的鬍子稅

十七世紀時，俄羅斯逐漸富強起來，與歐洲關係愈來愈密切。俄羅斯跟歐洲的交流，也愈趨頻繁。當時彼得大帝（Peter the Great）實行了大量歐洲化的措施，讓俄羅斯走向現代化，希望使他的帝國與歐洲各國水平看齊。

彼得大帝在位時，為俄羅斯創造了不少與歐洲接軌的東西。例如，他創立該國第一套文官制度，送大量莘莘學子到歐洲學習，建成新首都聖彼得堡，修改俄羅斯使用的曆法使其與世界其他地區接軌，創立一支現代化海軍和陸軍，打開一扇通往歐洲的門戶，以及向東擴張，讓俄羅斯趕上那些不斷在海外建立殖民地的歐洲大國。

不過，僅僅是制度上的改革並不足以讓俄羅斯全盤現代化。彼得大帝希望他的帝國，能成為從內到外都是足以與歐洲強國匹敵的泱泱大國。為此，他在一六九八年九月五日頒布了一項非常有趣的稅項：「鬍子稅」（Beard Tax）。

事情一開始是這麼發生的。話說在一六九八年，彼得大帝來了個大型歐洲巡遊。當他在八月回到俄羅斯後，俄羅斯貴族紛紛聚集在一起歡迎他們這位年輕的沙皇（Tsar）歸國。當看到彼得大帝時，貴族們感覺他好像有點異樣，於是開始不安起來，但卻說不出為何不安。果然，接下來震驚的事就發生了。彼得大帝與貴族逐一來個擁抱後，突然拿起一把大剪刀剪掉了他們的鬍子。貴族們的鬍子是身分象徵，如今卻被沙皇二話不說就被剪掉了。他們除了感到羞恥和百思不得其解外，就只好默默接受。

為什麼俄羅斯人那麼喜歡束鬍子呢？這可能是因為他們曾受昔日的統治者蒙古人所影響，漸漸成為他們的民族傳統。而且，對於信奉東正教的俄羅斯人來說，剃掉鬍子更是一種罪。彼得大帝真正企圖扭轉的，並不只是一股普通的「時尚風潮」，而是根深柢固的民族和宗教傳統思想。

在非常歐洲化的彼得大帝眼裡看來，束鬍子是跟野蠻人掛勾的一種習慣。在歐洲，這種束鬍子的行為幾乎不存在。彼得大帝為了改造俄羅斯社會成為典型歐洲社會，便決定透過增設稅項改變俄羅斯人束鬍子的習慣。

這稅項非常沉重。據記載，如果有人對自己的鬍子情有獨鍾，又不想狠狠剃掉的話，那便得定期向政府繳納每年一百盧布（俄羅斯貨幣）的稅款。不過，這種稅項只針對上層社會，對於屬草根階層的農民，則可獲得有限度豁免。農民在鄉村地區可以自由束鬍子而不受限，但倘若他們要進入城市，則必須在進城之前剃掉鬍子，或付一筆「豁免費」作為代價。另一方面，主教同樣不受「鬍子稅」約束，可以合法地束鬍子（東正教始終是俄羅斯其中一個立國之本啊）。

至於那些定期有繳納稅款的人，則會被獲發一枚「鬍子銅幣」（Beard Token），銅幣上刻著一張束著鬍子的臉孔，以代表他們有定期繳交鬍子稅。有趣的是，這枚銅幣上刻著一句非常掃興的句子：「鬍子是毫無用處的負擔。」

這些人必須隨身攜帶銅幣。若被警察查問卻又無法拿出銅幣，除了會被罰六十盧布外，還會被強制拉到人多的公眾地方剃光鬍子。

這還不止，彼得大帝原來還規定貴族必須穿著當時流行的德意志或英倫風格服裝，並須以法語作為宮廷和上流社會的溝通語言（這可真苦了他們）。

俄羅斯後來的統治者大多沿用彼得大帝留下的眾多改革，唯獨是這項背後有偉大理想、卻有點可笑的「鬍子稅」，在一七七二年被廢除。原因很簡單，這種強行拋棄自己民族傳統的措施，被認為是對自己民族的一種背叛。也因為後來的繼承者要以民族情緒作為團結國人對抗歐洲的手段，「鬍子稅」也就不合時宜了。

金雀花王朝傳統：英國君主序數起源

英國新王登基，華文媒體和普羅大眾都齊齊稱他查理斯三世／查爾斯三世（Charles III, King of the United Kingdom）。不過根據過去翻譯傳統，我還是比較習慣把他稱為查理三世。

因為他是英國史上第三位名叫查理的國王，所以包括王室在內，稱他為三世是件順理成章的事。不過，是從何時開始，英國君主開始稱自己幾世幾世呢？

想一想，首位使用某個名字的君主不會自稱為一世的，就好像在十一世紀進行諾曼征服（Norman Conquest），並建立現代英國雛形的征服者威廉（William the Conqueror），他本人就不會稱自己，也不曾知道自己稱作威廉一世（William I, King of England）。同樣，童貞女王伊莉莎白一世（Elizabeth I, Queen of England

and Ireland），她稱「二世」也是因為後來伊莉莎白二世（Elizabeth II, Queen of the United Kingdom）的出現而作區分。如果未來有另一位英女王叫維多利亞，那麼現在我們所稱的維多利亞女王（Victoria, Queen of the United Kingdom of Great Britain and Ireland）相信都要改稱維多利亞一世了。

其實，古典時期直至中世紀，大家不太習慣以序數稱呼那些國王或貴族。在英格蘭，這種以序數區分君主的做法大概是來自金雀花王朝（House of Plantagenet）時期的三位名叫愛德華的國王。這三位愛德華其實是爺、父、子的關係，我想那時人們（至少是當官的）為了區分這三位國王而有過煩惱。在當時一些法律文件裡，每當要提及到他們名字時，會在後面提到他們在位時期以作分辨。這折衷做法在處理文件時還好，但如果要以口讀出來時便過於麻煩了。於是，漸漸地，坊間出現了「第一位愛德華國王」（The first King Edward）、「第二位愛德華國王」（The second King Edward）和「第三位愛德華國王」（The third King Edward）這種非官方式稱謂，可算是英格蘭開始使用君主序數的最早原型。

隨著愈來愈多同名君主出現，這種用數字區分同名君主的做法，變得愈來愈普遍。十六世紀後的都鐸王朝（House of Tudor），這種稱呼也變成官方正式了。

著名的渣男亨利八世（Henry VIII, King of England and Ireland）就在許多官方文件裡自稱亨利八世。亨利八世是第一位常態化君主序數稱呼的英王，後來的英王繼續沿用了他的做法。

不過，這種君主序數也有不合理之處。前面提到，金雀花王朝的三位愛德華國王分別是愛德華一世（Edward I, King of England）、愛德華二世（Edward II, King of England）和愛德華三世（Edward III, King of England），但其實他們在英國歷史上並非首三個名叫愛德華的英格蘭君主。在征服者威廉征服英格蘭前，早有三名英格蘭君主名叫愛德華——長者愛德華（Edward the Elder）、殉教者愛德華（Edward the Martyr）和懺悔者愛德華（Edward the Confessor）。征服者威廉作為外來征服者，要坐穩英格蘭王位，想必找來一堆理由，證明自己是英格蘭正統繼承人。那就是說，他一定承認自己與這些愛德華國王帶有合法繼承關係的。

不過，後世歷史學家在為英國史上那些君主分配序數時，沒有理會征服者威廉的想法，他們偏偏就不給諾曼征服前的那些英格蘭君主序數。或許他們認為，諾曼征服前的「盎格魯—撒克遜英格蘭」（Anglo-Saxon England）與現代英國文化和語言差太遠了，而真正的英國文化雛形，始於諾曼征服後。

一世或是二世：英國王室名號潛規則

我們讀歐洲歷史時，經常會發現歐洲君主會以一世、二世、三世如此類推命名。在中國，漢人為子嗣命名時，會出於避諱而避用君主本名中出現的字。可歐洲人便不同了，他們反而會出於對祖先的尊敬或渴望承傳祖先榮耀，喜歡為子女改成跟自己或祖先相同的名字，歐洲王室也不例外。因此，為了區分不同時代而名字相同的君主，君主名字後面會加上序數，這就是所謂「君主序數」（Regnal Number）。

君主序數概念很簡單，在同一個國家裡如果出現多一個同名君主，那就會以時代先後以一世、二世諸如此類排序。例如英格蘭國王亨利八世，在他之前便有七位英格蘭國王曾叫亨利。

英女王伊莉莎白二世所以是「二世」，是因為十六世紀時英國曾出現過首位叫伊莉莎白的女王——伊莉莎白一世。

不過，不知大家有沒有覺得有點奇怪？

伊莉莎白二世是「大不列顛暨北愛爾蘭聯合王國」（United Kingdom of Great Britain and Northern Ireland，簡稱聯合王國）君主，而伊莉莎白一世是「英格蘭王國」（Kingdom of England）和「愛爾蘭王國」（Kingdom of Ireland）君主。雖然聯合王國可算是後兩者的直接繼承國，但在法理上，大不列顛跟英格蘭或愛爾蘭卻是完全不同的國家，不僅憲法不同，領土也不盡相同。那麼，伊莉莎白二世不是應該稱為大不列顛與北愛爾蘭聯合王國的伊莉莎白一世嗎？

在解答這個問題前，我們先看看英國過去有沒有發生過類似事情。一七〇七年，英格蘭國會和蘇格蘭國會通過《聯合法案》（*Acts of Union 1707*），兩國王位和國會合併，大不列顛王國（The Kingdom of Great Britain）成立，為聯合王國前身。一八三〇年登基的威廉四世（William IV, King of Great Britain）是聯合王國第一位叫威廉的國王，但他的君主序數卻是「四世」。然而，在他之前的威廉國王，卻是來自英格蘭王國時期，或英格蘭與蘇格蘭結成共主邦聯時期的斯圖亞特王朝

（House of Stuart），而非聯合王國君主。共主邦聯是指兩個獨立王國擁有同一位元首（也就是君主），但不代表兩個王國就是同一個國家。因此，伊莉莎白二世並非第一位出現這種序數疑問的君主。

一九三一年，英國國會通過《西敏寺法案》（*Statute of Westminster 1931*），加拿大、紐西蘭、澳大利亞、南非和愛爾蘭自由邦（Irish Free State）等英國自治領得到完全自治，與實際獨立幾乎沒有分別。該法案同時列明自治領必須繼續奉英國君主為其元首。當時英王喬治五世（George V, King of Great Britain）更釐清了一點：這些自治領將繼續跟隨英國君主序數。因此，繼承喬治五世的英王愛德華八世（Edward VIII, King of Great Britain），雖然是第一位加拿大、澳大利亞和紐西蘭叫愛德華的國王，但他在這些地方的君主序數卻是「八世」。

我們又來看看其他曾有過君主制的國家做法是怎麼樣的做法。法蘭西王國（Kingdom of France）君主同樣會繼承他們前身——法蘭克王國（Kingdom of the Franks）的君主序數。舉例說，法國第一位稱為「查理」的國王，是查理四世（Charles IV, King of France），是十三世紀末法國卡佩王朝（House of Capet）君主。在他之前的三位查理國王，其實是法蘭克王國國王而非法國國王。但是，我們不能說法蘭克王國就等於法國，因為鄰國神聖羅馬帝國，也是同樣來自法蘭克王國，而神聖羅馬帝國君主亦會沿用法蘭克王國的君主序數。

此外，十九世紀出現的德意志帝國（German Empire），第二位德意志皇帝腓特烈三世（Frederick III, German Emperor）雖然是帝國第一位叫腓特烈的皇帝，但他也是第三位稱為腓特烈的普魯士國王，所以也就繼續叫腓特烈三世。

不過，也有其他歐洲國家採用的方法不同。例如，神聖羅馬帝國皇帝法蘭茲二世（Francis II, Holy Roman Emperor）同時是奧地利大公（Francis II, Archduke of Austria）。當一八〇六年神聖羅馬帝國解散後，他把哈布斯堡王朝統治下的領地重新整合成奧地利帝國，並稱自己為「法蘭茲一世」（Francis I, Emperor of Austria），意指他是新帝國的第一任皇帝。他後來的繼任者沿用他重啟過後的君主序數——繼承人斐迪南一世（Ferdinand I, Emperor of Austria）和末代皇帝查理一世（Charles I, Emperor of Austria-Hungary）。

既然不同國家有不同做法，英國也不是第一次出現這種情況，伊莉莎白二世的君主序數也就沒問題吧？事情可沒這麼簡單就結束。因為，蘇格蘭人不同意啊！

一九五二年，英王喬治六世（George VI, King of Great Britain）逝世，由女

兒伊莉莎白繼承王位，稱伊莉莎白二世。次年，一位名叫約翰・麥科密克（John McCormick）的蘇格蘭愛國主義者認為伊莉莎白二世在蘇格蘭不應該使用「二世」作為君主序數。原因很簡單，綜觀歷史，伊莉莎白二世登基之前蘇格蘭不曾出現過一位叫伊莉莎白的女王。伊莉莎白二世的「二世」是根據英格蘭歷史而定的，因此在這方面冒犯了蘇格蘭。

他確實有他的道理。話說蘇格蘭與英格蘭在一六〇三年組成共主邦聯時，英格蘭王位是由蘇格蘭斯圖亞特王朝君主詹姆士六世（James VI, King of Scotland）繼承。雖然如此，他在英格蘭卻稱詹姆士一世（James I, King of England），原因是他乃英格蘭王國第一位、蘇格蘭王國第六位叫詹姆士的國王。也就是說，這位詹姆士在蘇格蘭和英格蘭是採用不同君主序數的，往後的繼承人也是援引這種做法。一六八九年英國發生光榮革命後，來自荷蘭的奧蘭治親王威廉（William of Orange）取得英國王位，他分別在英格蘭和蘇格蘭稱威廉三世（William III, King of England）和威廉二世（William II, King of Scotland）。

由此可見，一直以來，蘇格蘭與英格蘭對於君主序數是分開計算的（雖然到了威廉四世的君主序數又統一參考英格蘭的）。

於是，他向法庭提出控訴，指女王的君主序數並不符合《聯合法案》中關於聯合王國王室的描述。不過，最終約翰・麥科密克被判敗訴，理由是法官認為君主序數的決定為「王室特權」（royal prerogative），憲法並沒有規定王室該如何定義君主序數，伊莉莎白二世事實上可按自己喜好決定。

約翰・麥科密克這案件在當時引起了熱烈討論。為此，英國首相溫斯頓・邱吉爾（Winston Churchill）對英國君主序數發表了他的建議，以緩解蘇格蘭與英格蘭之間的紛爭：

> 「為女王起用『伊莉莎白二世』名號當然是聽取登基會議（Accession Council）意見後決定的，而所公告方式也得到女王陛下政府（Her Majesty's Government）的許可。
>
> 我認為在將來，採用英格蘭和蘇格蘭歷史君主序數較大者為合理的做法。例如，如果將來有位國王名叫羅伯特（Robert）或詹姆士（James），他可能會被指定採用蘇格蘭君主序數繼承方式（即是羅伯特四世和詹姆士八世），以強調我們的王室傳承是同時由征服者威廉開始的英格蘭王位以及由羅伯特・布魯斯（Robert

the Bruce）和馬爾科姆・坎莫爾（Malcolm Canmore）開始的蘇格蘭王位流傳下來的，而女王陛下及她的御用顧問不會難以接受這樣的一個原則。很自然地，承認現任女王陛下的風格和頭銜在任何地方都不會有困難。」

有趣的是，當時有人問邱吉爾：「為什麼會決定以一〇六六年征服者威廉征服英格蘭作為王室傳承起點？是否想要為英國歷史上首個叫愛德華（Edward）的國王其實並非愛德華一世，而是懺悔者愛德華這件事自圓其說？」

邱吉爾只是模稜兩可地回答：「隨著偉大歷史卷軸打開後，許多複雜事情會發生，這些事情都很難有效地融會貫通在我們所身處時代的喜好當中。」

不管如何，當今英女王在蘇格蘭、各英聯邦國家裡，都統一使用「伊莉莎白二世」為名號了。

溫莎還是蒙巴頓王朝：歐洲王室家族繼承傳統

英女王伊莉莎白二世逝世後，她兒子查理斯（Prince Charles）繼承王位，稱查理斯三世／查爾斯三世。查理斯三世是女王與愛丁堡公爵菲利普親王（Prince Philip, Duke of Edinburgh）的兒子，女王姓溫莎（Windsor），菲利普親王則姓蒙巴頓（Mountbatten），那麼查理斯三世成為國王後，是否代表英國進入了蒙巴頓王朝呢？

為了解答這個問題，首先我們來看看英國過去的做法。

相信很多人都有聽過大名鼎鼎的維多利亞女王。當英國斯圖亞特王朝最後一位君主安妮女王（Anne, Queen of Great Britain）逝世後，根據當時的《嗣位法》（*Act of Settlement*），來自德意志漢諾威（Hannover）的格奧爾格・路德維希（Georg Ludwig）成為英國王位繼承者，登基後稱喬治一世（George I, King of Great Britain），英國就進入了漢諾威王朝（House of Hannover），維多利亞女王也就是這個王朝最後一位君主。

為什麼說維多利亞女王是漢諾威王朝最後一位君主呢？原來，根據歐洲傳統，貴族後代大多會繼承父親那邊的家族名號，所以維多利亞女王與丈夫亞伯特親王（Albert, Prince-Consort）的後代，自然就跟隨了亞伯特親王的家族名號。亞伯特親王的家族同樣來自德意志，家族名有點長，叫「薩克森—科堡—哥達」（House of Saxon-Coburg-Gotha）。家族名如此長，是其家族不斷進行通婚合併而來的結果。所以，當維多利亞女王逝世、兒子愛德華七世（Edward VII, King of Great Britain）繼承王位後，英國便從漢諾威王朝轉變為薩克森—科堡—哥達王朝。

這個情況是不是跟今天有點相似？如果根據維多利亞女王與愛德華七世的做法，現在查理斯三世成為英王後，英國理應從溫莎王朝轉為蒙巴頓王朝。不過，事實上，今天英國仍是溫莎王朝。

為什麼呢？先讓我們了解一下溫莎與蒙巴頓這兩個姓氏的由來。

在一九一七年之前，英國王室並沒有姓氏。王室成員名字只會冠上家族名號，而家族大多會以其領地為名，例如漢諾威、薩克森、科堡和哥達這些都是德意志地名。不過到了一九一七年，第一次世界大戰進行得如火如荼，英德兩國為敵對陣營，隨著戰事發展，英國人對德國人的厭惡也日益提高。擁有德意志血統的英國王室變得步步為營，為了安撫英國民眾的反德情緒，當時英王喬治五世便決定把家族名由「薩克森—科堡—哥達」改為滿滿英國情懷的「溫莎」，從此英國王室便有了姓氏。

蒙巴頓家族也是一樣，「蒙巴頓」源於德意志貴族巴頓堡王朝（House of Battenberg）。「巴頓堡」的「堡」（Berg）在德語中意指「山」，所以巴頓堡也就是「巴頓山」的意思。當時屬英軍將領的路易・巴頓堡（Louis Battenberg）應喬治五世建議，把家族姓氏從德語意譯為英語，按英語語法在「巴頓」前面加上「山」字，成為「蒙巴頓」，「蒙」就是「山」（Mount）在英語的音譯，蒙巴頓家族就這樣誕生了。菲利普親王母親是路易・蒙巴頓（Louis Mountbatten）的長女，他來到英國迎娶伊莉莎白公主時，就決定冠母姓，並放棄了所有德意志和丹麥的爵位和稱號。

伊莉莎白二世未成為女王時，名字也隨夫變成了「伊莉莎白・蒙巴頓」。可是因為伯父愛德華八世放棄王位，父親喬治六世意外登基為英王，她亦意外地成為了王位繼承人。一九五二年登基時，她確定繼續以「溫莎」為英國王室姓氏，未來後代也將繼續承繼溫莎王朝名號。菲利普親王對於女王的決定有點失望，畢竟他的姓就這樣被埋沒在英國溫莎王朝的光芒之下。

不過到了一九六〇年，伊莉莎白二世發布了一道王室御令，公布她與菲利普親王的子嗣將會把兩人姓氏合併為「蒙巴頓—溫莎」（Mountbatten-Windsor）。雖然英國王室姓氏變成「蒙巴頓—溫莎」，但家族與王朝名號仍繼續是「溫莎王朝」。女王此舉算是安撫了菲利普親王，顧及了丈夫尊嚴。而最重要的是，他們有意把王室家族從其他溫莎成員區分出來，畢竟所有喬治五世後代皆以溫莎為姓。

值得注意的是，雖然英國王室擁有姓氏，但不代表王室成員在所有場合都必須在名字後冠上姓氏。自一九六〇年頒布王室新姓氏後，要到一九七三年，即安妮長公主（Princess Anne）與軍官馬克．菲利普斯（Captain Mark Philips）結婚之年，在西敏寺的婚姻註冊官方文件中，「蒙巴頓—溫莎」這個姓才首次亮相。

所以，查理斯三世繼位後，王室繼續姓「蒙巴頓—溫莎」，英國還是溫莎王朝，既非蒙巴頓王朝，也非蒙巴頓—溫莎王朝。不過，英國憲法並沒有規定王室姓氏訂立準則，伊莉莎白二世與菲利普親王的決定對繼位的查理斯三世也沒有絕對約束力。理論上，查理斯三世可以自行把姓改為蒙巴頓讓英國進入蒙巴頓王朝。但考慮到已故英女王備受愛戴的程度，相信維持溫莎王朝之名還是最理想的做法。

於是，現在英國仍然是溫莎王朝。

女性地位全面理想化：中世紀宮廷愛情

中世紀歐洲崇尚的騎士精神，是當時一種精神文明。騎士精神代表勇氣、正義、忠誠、無私和榮耀，構成了中世紀歐洲的一種道德規範。有趣的是，這種在中世紀被認為是最高的道德典範，卻漸漸衍生了另一種不道德、不被接受的人際關係——宮廷愛情（Courtly Love）。

許多以中世紀為背景的詩經常以宮廷愛情為題材，使歷史學家很好奇這種情感關係是否真的存在於中世紀貴族的宮廷裡。關於這些描寫宮廷愛情的詩的時代背景，有一說認為這些詩是當時被視為異端的卡特里派（Catharism）的寓言故事，另外一說則是反映中世紀法國宮廷的情況。無論如何，以宮廷愛情為題材的詩在中世紀前是史無前例的，其出現時期也正是女性地位理想化的時期。這些詩在當時極受歡迎，後來衍生了亞瑟王傳說（Arthurian Legend），並建立了西方對浪漫愛情的核心概念。

最早出現這種描寫宮廷愛情文學的地方是十二世紀時的法國南部，並透過吟遊詩人（Troubadours）傳播。早期比較著名的吟遊詩人是亞奎丹公爵威廉九世（William IX, Duke of Aquitaine）。他與一眾詩人一起創作這種宮廷愛情文學，但其實他們從來沒有定義這種新興題材，也沒有將之命名為「宮廷愛情」，「宮廷愛情」這個辭彙要到七百年後的十九世紀才初次出現。

那麼為什麼有宮廷愛情思想出現？在中世紀歐洲，土地是各封建主的私人財產，封建時代每天的戲碼便是無間斷的土地兼併。而除了直接以武力奪取其他封建主的土地外，政治婚姻也是一種很有效的方法以取得新領土的控制權。因此，中世紀婚姻與現代婚姻在意義和目的上有著天壤之別。現代婚姻講求自由戀愛並且是一對愛侶自願結合的終身契約，不過中世紀婚姻卻充其量只是一種外交政治關係的同意書。正因為如此，成婚的女性貴族基本上對自己丈夫並沒有很深厚的感情，她們把心裡對愛情的渴望投射在宮廷內的其他男性，形成了不能公開只能地下的宮廷愛情。

宮廷愛情與教會認可並視之為神聖的婚姻風馬牛不相及，這種愛情往往都是地下和萌生於婚前的。如果婚姻的主要作用只是一種讓貴族鞏固或壯大權力、土地和財產的手段，那麼宮廷愛情代表的是女性貴族能自主選擇並全盤支配被選的男性。究竟宮廷愛情詩是否真的反映當時法國宮廷的情況，還是只是一種虛構出來的文學題材的疑問，至今仍然是眾說紛紜，而這個問題的中心人物便是法國史上一位很有名的貴族女性——亞奎丹的埃莉諾（Eleanor of Aquitaine）。

⚜

亞奎丹的埃莉諾是十二世紀的人物，是中世紀最具權力的女性，她先後是法國國王路易七世（King Louis VII of France）和英國國王亨利二世（King Henry II of England,）的王后。她與路易七世生下了女兒香檳的瑪莉（Marie of Champagne），後與亨利二世生下了兩個兒子——獅心王理查（Richard the Lionheart）和無地王約翰（John the Lackland），這些名字在歐洲史上都為人熟悉，瑪莉也繼承了母親一些特質。

埃莉諾還是法國王后時，便已安排了許多詩人和藝術家逗留在宮廷裡。當她的第一段婚姻在一一五二年被終止後，她便回到了位於諾曼第（Normandy）的宮殿，宮殿依舊充斥著詩人和藝術家。埃莉諾特別喜歡一位名叫伯納特・德・文塔頓（Bernard de Ventadour）的吟遊詩人，他是當時最偉大的詩人之一。後來，埃莉諾再婚嫁給亨利二世後搬到丈夫的宮殿時，她還帶著伯納特並與之相處了三年。這位伯納特，很有可能便是埃莉諾的情人。

埃莉諾兩任丈夫路易七世和亨利二世都不喜歡這些在宮廷裡四處遊走的詩人，所以當他們與埃莉諾的婚姻結束後，都會立即把這些待在宮廷的詩人趕走。不過，對於埃莉諾而言，她離婚後居住的普瓦捷（Poitiers）宮殿始終都充斥著詩人，難怪伯納特會因而得到撰寫宮廷愛情詩的啟發。不過，要說到吸引人對宮廷愛情文學的追求，埃莉諾女兒瑪莉才是主角。

十二世紀時有不少描寫宮廷愛情的詩的女主角都是瑪莉。瑪莉跟母親埃莉諾皆住在普瓦捷的宮殿中，很多相信宮廷愛情存在的史學者都認為在普瓦捷的宮廷中，這些高貴的女性貴族都擁有情人。埃莉諾甚至為宮廷愛情訂下了一套共三十一條的規則，其中首四句是：

1. 婚姻並非放棄愛情的藉口
2. 一個人如果沒有嫉妒心的話是無法擁有愛情
3. 沒有人可以同時真心愛兩個人
4. 愛情經常時起時跌

宮廷愛情文學作品強調了一點——作為情人的騎士必誓死為愛而犧牲，貫徹了在愛情上的騎士精神。最能表達這種精神的，要算是來自亞瑟王傳說的蘭斯洛特（Lancelot）了。亞瑟王傳說是由詩人克雷蒂安・德・特魯瓦（Chretien de Troyes）所創作，他是瑪莉身邊的詩人。在亞瑟王傳說中，蘭斯洛特是其中一位圓桌武士，他愛上了亞瑟王的王后關妮薇（Guinevere），更成為了她的情人。蘭斯洛特與亞瑟王（King Arthur）雖然是好友，卻無法掩藏著對他妻子的愛慕之意。最後，因為蘭斯洛特對亞瑟王的背叛，圓桌騎士之間的關係便破裂了，關妮薇在處死前被蘭斯洛特救走。亞瑟王為了討伐蘭斯洛特，誤把國家事務交給了他那個背信棄義的外甥，最後引發了一場大戰導致圓桌騎士的覆滅。蘭斯洛特最終沒有跟關妮薇一起，他們二人因感到罪疚分別成了修士和修女。

為什麼埃莉諾是影響著這些宮廷愛情文學作品的主要人物？原因是埃莉諾自己本身是中世紀一名強悍的女性，童年時受過騎士訓練，希望帶兵打仗。她並沒有像其他女性貴族一樣成為政治婚姻工具，反而希望創一番事業，不甘受限於自己的婚姻，這是宮廷愛情中女主角們時常表現出的一種剛毅性格。除此之外，當時法國南部興起了新的宗教派系——卡特里派，也是宮廷愛情文學的推手。

「卡特里」一詞在希臘語中解作「純潔」，雖為基督教一支，但卻被教廷視為異端，原因是這個卡特里派揉合了異教一些思想和教義。這個宗教派系相信二元論，認為世界分為善與惡。卡特里派信徒認為當時天主教會是惡的所在，因為教廷神職人員腐敗透頂，只看重俗世的物質享受卻開始忘記在宗教上的追求。卡特里派教條強調罪多於救贖，信徒認為在現世必須過著純樸生活，並須時常貢獻自己去幫助別人。埃莉諾雖然是個天主教徒，但卻支持卡特里派，保護其信徒免受到教廷迫害，曾多次抵擋教廷為消滅卡特里派而派出的「阿爾比十字軍」（Albigensian Crusade）。

為什麼說宮廷愛情受卡特里派所影響？卡特里派相信男性與女性之間可以互相轉世，因此認為性別並沒有意義，變相強調了中世紀女性的自主性和地位，她們亦擁有選擇的權利。雖然這種思想在今天看來是普通不過，在那時卻是劃時代的，但也因此被視為異端。

所以，十二世紀時在法國南部興起的卡特里派教義，加上剛強的女性貴族埃莉諾作為榜樣，構成了宮廷愛情文學的發展要素。一首宮廷愛情詩曾描寫卡特里派女神蘇菲亞（Sophia）被天主教會迫害，被一名信奉卡特里派的騎士奮勇拯救。作為女神的蘇菲亞象徵「善」，卻因受著婚姻的枷鎖，這位騎士無法與她相愛。而這段婚姻卻是由代表「惡」的教廷所承認。

有時宮廷愛情會被視為一種交際活動。騎士會盡力提升和改進自己，更會不惜冒著生命危險地增加自己的價值，目的全是為了能在精神和肉體上征服他們所感興趣的女人。這種想法其實一再強調男性的地位始終比女性高，女性只是男性奮鬥進步後得到的「獎勵」。不過，如果宮廷愛情是圍著女性而存在，那麼女性擔當主動還是被動的角色，都無礙地提升了當時女性的社會地位。

宮廷愛情是否確實存在，仍然是個值得討論的題目。但宮廷愛情詩的出現與興盛，卻是有時代背景造成的。

PART

2

我們都愛聽故事，這裡有各式各樣的帝國

威尼斯過去竟然是海上霸權？世界第一個帝國原來在這裡！過去蒙古帝國一度到了歐洲，成為稱霸歐亞首屈一指的強權？

歷史上第一個帝國：被神認可的阿卡德帝國

西元前二十四世紀，一支為數五千人的軍隊來到了美索不達米亞（Mesopotamia）南方幼發拉底河（Euphrates River）東部的蘇美城市烏魯克（Uruk, Sumer）。這支軍隊來自阿卡德（Akkad），由一位名叫薩爾貢（Sargon）的統治者率領。當時烏魯克是蘇美文明裡最大最先進的城市，這座城市一旦被征服，就等於整個蘇美文明也被征服。

當時蘇美文明非統一王國，諸城邦分立而治，受到最高統治者盧加爾扎克西（Lugal-Zage-Si）控制。烏魯克的城市人口接近五萬，是阿卡德人軍隊的十倍，卻無礙阿卡德人的野心。在薩爾貢指揮下，阿卡德人成功征服烏魯克，隨後陸續征服其他數十個蘇美人城市，俘虜了盧加爾扎克西。

這時，阿卡德人已成功征服蘇美人的王國，並取而代之。過後，薩爾貢建立了中央政府統治著這個多民族大帝國——阿卡德帝國（Akkadian Empire）。阿卡德帝國是世上第一個帝國，政治中心位於現今伊朗地區。

薩爾貢的發跡史堪稱傳奇。起初，他只是當時蘇美人城市基什（Kish）國王身邊的一個侍臣，後來被拔擢為王室園丁，負責定期清理灌溉渠道，確保在美索不達米亞地區如此炎熱的天氣下，農作物還能有足夠水份生長。薩爾貢擔任園丁一職時，認識了一班極有紀律的工人和農夫，這群人日後漸漸演變成薩爾貢的私人部隊。前二三三四年，他靠著這支部隊，搶奪了基什的王位，從此定都阿卡德。

後來，阿卡德在薩爾貢統治下積極向外擴張。他以阿卡德為中心，帶著軍隊征服四周。在西面，他進入敘利亞和迦南（Cannan）地區，遠達地中海沿岸，據說還渡海到達位於地中海的塞普勒斯島（Cyprus）。在東面，他征服了不少埃蘭人（Elamites）建立的城市和王國。在北面，薩爾貢的勢力遠至安那托利亞山脈（Mountains of Anatolia，位於今土耳其）。在南面，他的影響力則遠至馬乾地區（Magan，位於今阿曼）。

作為世上第一個領土型帝國，薩爾貢面對著的是前人從未有過的統治問題。帝國的邊陲地區由於遠離帝國政治中心阿卡德，因此不太願意服從薩爾貢的統治，而偶有叛亂發生。不過，薩爾貢始終能以強大軍隊消滅這些反抗勢力。平定叛亂後，他便任命忠於阿卡德的官員擔任那些被征服地的總督，進行統治。

古代的阿卡德帝國所以能夠維持統一，並非靠成熟的制度，而是有賴薩爾貢的個人統治能力。他那頗長的統治時期也是個十分重要的因素，從奪得王位起計，他一共統治了阿卡德五十六年。那麼薩爾貢死後，他的帝國卻沒有分崩離析，原因何在？

其實，薩爾貢的繼承人統治能力算是不俗。薩爾貢死後，帝國不時會有反抗者乘機起兵叛變，但他兩名先後繼承王位的兒子瑞穆什（Rimush）和瑪尼什圖蘇（Manishtushu），都能成功平定這些叛亂，穩住了帝國統治。不過，雖然他們成功壓制地方叛變，卻沒能抵過宮廷裡的政治陰謀，兩人皆是被朝臣刺殺而死。

前二二五四年，瑪尼什圖蘇死後，兒子納拉姆辛（Naram-Sin）繼承王位。納拉姆辛是繼薩爾貢之後另一位偉大的阿卡德國王，他繼承了薩爾貢的擴張主義，征服了位於敘利亞的艾布拉王國（Ebla）和亞曼尼王國（Armanum），甚至曾經與遠在北方的西臺人（Hittites）發生軍事衝突。納拉姆辛三十六年的統治是阿卡德帝國的黃金時代，達至了其最大版圖。

✧帝國經濟

不過，阿卡德帝國不只是擁有強大軍隊的原始帝國，它還有十分成熟的經濟體系。帝國依靠農業經濟支撐，設有兩個巨大的農耕地區，是整個帝國主要糧食來源。其中一個農耕地區位於美索不達米亞北部，那裡有足夠雨水支持農作物生長；另一個則位於南部，靠引水道灌溉農作物。帝國政府直接控制糧油供應，並透過內河船隻運送到各地。因此，即便某個地區出現農作物歉收，其他地區也能立即增加供應以解決糧食問題。

阿卡德帝國稅收分為兩種。一種是以農作物支付，另一種則是以勞動力支付。帝國人民可以出賣勞動力抵稅，勞動工作包括參與建設如城牆和神廟等公共設施，或是參與灌溉渠道清理，確保沒有淤塞。以遊牧為生的人，會被允許在灌溉渠道旁放牧，並以羊毛、羊肉、羊奶和起司支稅。

阿卡德帝國位於美索不達米亞肥沃的土地上，糧食十分充足。儘管如此，帝國卻缺乏其他各種資源，例如金屬、木材和石材等等。持續取得這些資源是支持阿卡德帝國擴張主義的重要原因。帝國不時會派兵進入安那托利亞山脈、馬乾、阿富汗和黎巴嫩等地區，以取得銀礦、銅礦、青金石和木材等重要資源。

✧帝國統治

統治一個龐大帝國並不容易。阿卡德王室為了鞏固其統治，採取了不少政策。男性王室成員會被任命為總督，分別派駐不同地區進行統治；女性王室成員則會出嫁到鄰邦，以維持與鄰邦友好關係。

除此之外，為了讓阿卡德王室具有「被神認可」的意義，薩爾貢和納拉姆辛曾委派自己兩名女兒擔任「辛」（Sin）的女祭司。「辛」是美索不達米亞神話中的月神。這種做法是為了告訴世人，阿卡德王室的權力與南方蘇美人極具影響力和意義的烏爾大塔廟（Temple Complex of Ur）有緊密關係。

為了使帝國長治久安，阿卡德人嘗試整合這包括了語言、郵政和曆法。語言方面，雖然不少人仍說蘇美語，但阿卡德語卻漸漸成為整個美索不達米亞的官方語言。郵政方面，為了使政令和訊息傳播暢通無阻，阿卡德帝國修建了不少道路，並在道路網絡上建立郵政系統。刻有阿卡德文字的黏土片（Clay Tablets）外圍會包上另一層用黏土製成的信封，上面刻著收信人名字和地址，然後透過郵差送到收信人那裡，只有收信人能夠弄破信封閱讀藏在裡面的黏土片。曆法方面，阿卡德人每年會揀選一件國王做過或發生過的大事命名該年，這種以名稱年的方式後來在整個美索不達米亞地區都有被使用。

諷刺的是，雖然我們對阿卡德帝國有粗略認識，但作為帝國政治中心的首都阿卡德，到目前為止考古學家卻還沒找到它的確實位置。事實上，「阿卡德」一名並非來自阿卡德語，早在薩爾貢建立阿卡德帝國前，該城便已存在。考古學家普遍認為，阿卡德應該位於底格里斯河（Tigris River）流域，坐落在薩邁拉（Smarra）和巴格達（Baghdad）兩城之間，但這片地區仍達八十英里之廣，其確實位置至今仍是個謎。

納拉姆辛成就了阿卡德帝國的興盛後，他自封為「四域之王」（King of the Four Quarters），歌頌自己帝國的版圖已延伸到世界四個角落，他這個稱號後來被多個古代帝國統治者沿用，其中最著名的便是巴比倫帝國（Babylonian Empire）的漢摩拉比（Hammurabi）。「四域之王」並非單純是個帝王稱號，還有神格化統治者的含意。納拉姆辛自封這稱號後，便著手為自己興建神廟。事實上，將統治者神格化非納拉姆辛獨創，早在他之前的統治者便已有這種傳統。例如，數個世紀前烏魯克之王吉爾伽美什（Gilgamesh, King of Uruk）死後便被封神，只是納拉姆辛是第一個在生時自封為神的統治者。

在一份名為「阿卡德的詛咒」（Curse of Agade）的古文獻中，記載著一位自封為神竹戈的國王，把位於尼普爾（Nippur）的恩利爾神廟（Temple of Enlil，恩利爾是蘇美人神話眾神之一）拆卸而觸怒了眾神。這份古文獻所描述的國王，很有可能便是納拉姆辛。

✧ 帝國衰亡

或許因為納拉姆辛狂妄自大，眾神決定懲罰整個阿卡德王權。納拉姆辛使帝國達至頂峰，他逝世六十四年後帝國卻已經灰飛煙滅。納拉姆辛兒子沙爾卡利沙瑞（Shar-Kali-Sharri）繼位後，受到庫提人（Guti）不斷侵擾而感到苦惱。庫提人是一支遊牧民族，為蘇美人一支，被認為是現代庫爾德人（Kurds）祖先。他們生活在位於伊朗的札格羅斯山脈（Zagros Mountains），並經常入侵阿卡德帝國進行掠奪行為。

阿卡德帝國是個善於征服的帝國，但當面對本身沒有固定定居點的庫提人時，卻顯得束手無策。為了抵擋庫提人的頻繁騷擾，軍事開支不斷上升，阿卡德政府只好提高稅收應付。然而，重稅不僅破壞了阿卡德帝國行之有效的經濟體系，更觸發了不少地區抗議和叛亂。

沙爾卡利沙瑞死後無嗣，造就了另一個政治危機。在混亂中，阿卡德帝國版圖大範圍縮少，只剩下首都周遭地區，而且因為沒有合法繼承人，內戰隨即爆發，阿卡德王位就這樣懸空了三年。最後，王位由勝出內戰的杜度（Dudu）繼承，但他的實際控制範圍卻只限於首都阿卡德。因此，沙爾卡利沙瑞被認為是阿卡德帝國最後一位國王。

杜度死後，兒子蘇・圖如爾（Shu-Turul）繼位，是阿卡德最後一位國王。在他之後，阿卡德便正式亡於庫提人。

為什麼阿卡德帝國在納拉姆辛達至鼎盛後，又會如此急速衰亡？史學家認為阿卡德帝國作為世上第一個帝國政權，統治制度並不完善，帝國能維持正常運作與否，全靠國王一人的領導能力。薩爾貢和納拉姆辛是較能幹的君主，帝國因此能迅速發展和擴張。然而，除他們以外的其他君主，則無相類似的領導才能。

然後便是氣候轉變。阿卡德帝國末年曾發生過一次大旱，當時降雨量大幅減少。帝國經濟主要依靠農業支撐，降雨量減少動搖了帝國根基。一些考古證據顯示，不少蘇美城市在該時期時遭到荒廢。在敘利亞雷蘭考古遺址（Tell Leilan）的挖掘中可以知道，雷蘭曾經有過輝煌時期，大量城牆和神廟拔地而起，最高曾有接近三萬人口在此活動。不過後來這座城遭到荒廢，三萬人口也隨之消失。考古學家在該遺址土壤樣本中，發現沒有任何蚯蚓的活動痕跡。泥土有蚯蚓多被認為是土地肥沃的標誌，如果沒有蚯蚓活動痕跡，就代表這個地方已不適合耕種。雷蘭遺址旁的特爾布拉克（Tell Brak），同樣出現相似情況。

如果假設以上的考古發現普遍發生在整個美索不達米亞地區的話，那麼阿卡德帝國末年經濟應該已經接近崩潰邊緣，或許這就解釋到為什麼阿卡德帝國會衰亡得如此的快。農作物歉收，農產品貿易也不能倖免，人民只好離開城市向外探索，尋找可靠水源維生。就這樣，以中央政府展開統治的機制變得極為困難，肯效忠帝國的人也隨之消失。

無論阿卡德帝國毀滅的確實原因為何，它短暫的存在卻是歷史性。阿卡德帝國締造者薩爾貢成為後來歷史眾多偉大統治者如奧古斯都和征服者如成吉思汗的先驅。他本來只是個侍臣，能夠達至這種成就，確實是一代傳奇。

美洲文明奠基者：古老的奧爾梅克文明

✧美洲最古老的文明

如果要說美洲曾經存在過的文明，相信大家第一時間都會想到馬雅文明、阿茲特克文明或印加文明。不過，要說到美洲最古老的文明時，就沒有他們的份兒了。美洲最古老的文明沉寂了超過兩千兩百年，直到十九世紀中葉時一次意外，這個古老文明才重新被人類發現。它就是中美洲奧爾梅克文明。

奧爾梅克文明是如何被人類重新發現？根據當時墨西哥學者何塞·瑪麗亞·梅爾加·揚·塞拉諾（José María Melgar y Serrano）在其著作中寫道，一位在墨西哥韋拉克魯斯州（Veracruz, Mexico）韋亞潘種植園（Hacienda Hueyapan）工作的農夫正在叢林裡砍伐樹木時，意外地看到地上有個看似反轉了的鑊狀物體，部分仍埋在泥土裡。農夫接著告知種植園主人，主人便叫農夫把這個奇特東西挖掘出來。原來，挖掘出來的東西不只是農夫看到的鐵製鑊狀物體，還意外地發現了一塊雕著兇惡人臉的巨大火山岩。

這塊火山岩旋即在墨西哥掀起了熱烈討論。許多歷史學家和考古學家對這塊巨大火山岩來歷全無概念，他們很好奇究竟是誰製造了這塊神祕人臉巨岩（The Colossal Heads）。發掘工作開始後，愈來愈多相似的人臉巨岩在叢林中陸續被發現。考古學家開始興奮起來了，他們知道，一個完全未知的神祕古代文明就要被發現了。然而直至今天，考古學家仍對這個古代文明所知無幾，只能透過有限資料和考古成果，鎖定這個古代文明曾經存在過八百年光景，而這個古代文明更被認為在往後大大影響了其他美洲文明如馬雅文明和阿茲特克文明，其文化影響力直至十六世紀西班牙人征服美洲為止。

要清楚知道奧爾梅克文明的歷史時序是件極為困難的事，尤其它並沒有任何文獻留存後世，使我們無法全盤弄清楚這個文明特徵。雖然如此，我們還是大約能估計到，奧爾梅克文明約在西元前一千兩百年至前四百年這段時期存在，勢力範圍大概相等於今天墨西哥韋拉克魯斯州和塔巴斯科州（Tabasco）的低地地區，面積不算很大。

歷史學家理查・亞當斯（Richard E. W. Adams）後來給了一個較為精準的數字：「奧爾梅克文明核心地區約一萬八千一百三十平方公里，覆蓋從墨西哥灣沿岸高上到圖斯特拉斯火山山脈（Tuxtlas Mountains）等地帶。」

這個古代文明位處的地方非常炎熱和潮濕，有大量沼澤，經常會下豪雨，附近河流年中還不時氾濫。氣候環境看似嚴峻，卻使泥土異常肥沃，非常適合耕種，如同印度河流域（The Indus Valley）和新月沃土（The Fertile Crescent of Mesopotamia）一樣，是重要的文明搖籃。因此，中美洲這塊土地能夠孕育出一個古代文明，實在不算什麼稀奇古怪的事。

拜肥沃土壤所賜，奧爾梅克文明自然發展成農耕文明，但有趣的是他們同時也是個狩獵文明。除了土壤適合耕種外，這片土地還有大量魚類、果類和其他作物等天然資源。而且，由於當地並沒太多可以馴養的動物，因此奧爾梅克人由始至終都沒有放棄狩獵傳統，造就了融合農耕和狩獵文化的奧爾梅克文明。

「奧爾梅克」這個名字是怎樣來的？其實，奧爾梅克人從來沒以此稱呼自己，

「奧爾梅克」是後世給予他們的名字。這個詞首次出現在最早期踏足美洲的西班牙僧侶貝爾納迪諾・德・薩阿貢的紀錄——一五六九年出版的《佛羅倫薩手抄本》（*Florentine Codex*）。他的這本著作記載了阿茲特克人習俗和傳統，並從阿茲特克人語言——納瓦特爾語（Nahuatl）中借用了「Olmecatl」一詞來形容比阿茲特克人要早一千年發展為文明的奧爾梅克人居住的低地地區，意思為「橡膠地的人」（People of the rubber land）。

✧ 聖羅倫索

既然奧爾梅克文明能存在數百年而且具有相當發展，就絕不會是個封閉文明。因此我們相信，奧爾梅克人必然有跟附近其他文明經商，而貿易帶來的收益讓奧爾梅克文明發展得頗為璀璨。他們曾在高原上建立繁榮都市——聖羅倫索（San Lorenzo）。聖羅倫索是遺址現代名字，並不是奧爾梅克人取名的。比起那些人臉巨岩，聖羅倫索遺跡展現了奧爾梅克文明的進步。城市遺跡被發現有著不斷被改造、延伸和建設的痕跡，若非一個有組織性和凝聚力的文明，這種發展是沒理由存在的。

理查・亞當斯曾經這樣描述聖羅倫索遺跡：

「構建這個城市所用的材料用量，似乎頗厲害——耗用的原材料高達二・一三億立方米。」

也就是說，奧爾梅克文明並非小村落或原始部落，也不是數個群居小部落的集合體。要建構在當時來說算是規模龐大的都市，必需有相當成熟的社會結構發展。

聖羅倫索約在西元前一千兩百年建城。考古學家發現遺跡有許多人臉巨岩、雕像、祭壇和墓塚，還有廣場、排水系統和球場。看到「球場」是否覺得有點詫異？原來，奧爾梅克人很重視球賽競技。他們會分成兩隊，互相把用橡膠製成的圓球拋到對方陣地，又會互相把球擊回對方陣地裡。奧爾梅克很多雕像都是描繪球員，而那些人臉巨岩戴著的頭盔，考古學家相信是球員比賽時而非打仗時戴的。由此可見，奧爾梅克文明十分重視球賽競技，甚於戰爭。

關於城市社會結構，目前我們所知不多。但普遍認為，這個都市由一個最高領導者統治，接著是精英階級，在最下層則是根據職業劃分的種姓階級（Castes）。聖羅倫索不同時期的人口變化難以判斷，或許平均有約一千人左右。約在西元前九百年左右，聖羅倫索開始衰亡，很多雕像和紀念碑被破壞而殘缺。它的衰落可能歸咎於數個原因如外族入侵、人口遷徙或內部矛盾。無論如何，聖羅倫索最終還是被廢棄了。

✧拉文塔

雖然如此，聖羅倫索卻非奧爾梅克人唯一城市。當聖羅倫索逐漸衰落時，其他由奧爾梅克人建立的城市依舊十分繁榮，例如韋亞潘種植園農夫發現人臉巨岩的特雷斯・薩波特斯（Tres Zapotes）、塞羅斯潟湖（Laguna de los Cerros）和拉文塔（La Venta）等等。如同聖羅倫索一樣，這些都是遺址現代名字。

拉文塔位於韋拉克魯斯州和塔巴斯科州邊界附近一個小島，早在西元前兩千兩百年便有人在這裡建立村落。它與聖羅倫索在差不多時間建城，蓬勃發展，成為當時中美洲最重要的城市。拉文塔遺址有很多宗教建築、玄武岩柱、宗教儀式場所、翡翠馬賽克和達三十米高的金字塔，反映出當時拉文塔已經高度發展，而且社會結構頗為複雜。

不止如此，根據紐約大都會藝術博物館（Metropolitan Museum of Art）所述，拉文塔所在位置是經過精心計算，其舉行宗教儀式的中心點面向西北八度，被認為背後有特定天文原因。另外，建築物全是對稱的，由北至南，各人臉巨岩全放置在要點上。某些歷史學家甚至認為，拉文塔其實是奧爾梅克人宗教聖地，因此當時拉文塔人口應該不多。

✧ 泛靈宗教

究竟拉文塔是否純粹宗教聖地，目前並無定論。但有一點可以肯定的是，宗教是奧爾梅克文明一個重要組成部分。他們信奉多神泛靈教，在眾神明之中，以美洲虎（Were-Jaguar）最為重要。在發現到的雕像當中，有不少是美洲虎的人形雕塑，而且多是孩童模樣。美洲虎在中美洲是極具象徵意義的動物，受奧爾梅克文明影響，往後崛起的馬雅文明和阿茲特克文明皆視美洲虎為神聖動物，代表著權力、優越和超能力。

除了美洲虎外，一些大自然動植物也會被奧爾梅克人神化，玉米神（God of

Maize）和羽蛇神（The Serpent God）就是有趣的例子，鯊魚和飛鷹也會被他們奉為神明。據理查・亞當斯所述，羽蛇神是後來才引伸出來的神明，約在西元前九百年出現。

我們對奧爾梅克文明的認知大多來自它們現存於世的古文物，而人臉巨岩便是這個文明最獨特的地方。這些巨岩可以重達四十噸，數目延綿七十公里，分布在沼澤和河流之間，多被放置在城市分岔點或石造祭壇旁。究竟奧爾梅克人如何搬動這些巨岩，目前不得而知，更有傳說指奧爾梅克統治者擁有「不明力量」。人臉巨岩可能是歷代統治者臉孔，是利用雕像呈現統治階層權力的典型方式，在其他文明也十分常見。

除了人臉巨岩外，奧爾梅克文明也有大量細小文物出土，以石頭、木材、玄武岩、綠寶石和翡翠雕成的人形、動物和神明雕塑為主。這些綠寶石和翡翠並非當地天然資源，而是貿易商品，反映當時奧爾梅克人早已擁有原始商貿形態。陶瓷有時會用來製作瓷器，鐵礦石則會用來製成鏡子。

藝術品製作需要一定程度技術，而且製作目的並非物質而是精神上需要，部分藝術品更是專為精英階層所製。因此，奧爾梅克文明的藝術文物讓我們可以確定的是，它是個曾發展至有精神文化的古代文明，而且社會有鮮明階級觀念。

✧突然消失

西元前四百年，如同聖羅倫索一樣，拉文塔也走向衰亡。數十年間拉文塔就完全廢棄，奧爾梅克文明也走到了終結。我們並不清楚是什麼確實原因導致奧爾梅克文明消失，常見論點如經歷氣候轉變、過度農耕使土地變得貧瘠、河流乾涸甚至是附近火山變得活躍致使他們不得不尋找新聚居點。無論如何，奧爾梅克文明確實地消失了，在它消失一刻，其遺產便沉睡在墨西哥的叢林裡達兩千兩百年，才在這個世界重新被喚醒。

橫跨歐亞霸業曇花一現：四分五裂的蒙古帝國

✧ 蒙哥汗

十三世紀時，蒙古帝國橫跨歐亞，是當時世上最大的帝國。經過兩次西征後，蒙古人把勢力從東北亞一直伸延至東歐地區。一二五一年，蒙古帝國第四任大汗由成吉思汗幼子拖雷（Tolui）之子——蒙哥（Möngke）繼承，他準備繼續先祖霸業，馳騁沙場，一舉南下征服大理和南宋。蒙哥即位初期，血腥暴力地掃除了所有反對和威脅他的勢力。當鞏固好自己汗位後，他隨即為帝國進行了行政和稅制改革，確保統治穩定和兵源供應。

此後，他專心徵兵買馬，準備進行蒙古第三次也是最後一次西征——旭烈兀西征（Hulagu West Expedition）。他命令弟弟旭烈兀率軍西進，將蒙古帝國疆域擴張到中西亞地區，深入波斯和敘利亞，消滅了當地阿拔斯王朝（Abbasid Dynasty）和阿尤布王朝（Ayyubid dynasty），成就了蒙古帝國最大領土範圍。

另一邊，蒙哥自己則把目光放在仍盤據在南方苟延殘喘的南宋王朝。當時蒙古人橫掃歐亞，如日中天，把大量土地和民族收歸帝國統治之下，蒙哥的軍事成就可謂一時無兩。然而，雖然坐擁著巨大帝國，成為世界霸主，但說到底他仍只是個凡人，他或許能看穿敵人計謀策略，卻無法預計自己死期。一二五九年，蒙哥的溘然長逝使他的征服行動被迫畫上休止符。在西亞，正與埃及馬木留克王朝（Mamluk Sultanate）對壘的旭烈兀，得知蒙哥死訊後便決定班師回朝，而蒙古軍對南宋的征服戰爭也都暫時停止。

關於蒙哥的死，歷史上有過不少假說，至今仍是個謎團。有人認為他在行軍時患上痢疾或霍亂病死，有人則認為他是溺斃或中箭而死。至於金庸，則認為他死於神鵰大俠楊過鎮守襄陽城時的飛石之下……無論如何，蒙哥的死，無疑是對蒙古帝國的巨大衝擊，他也成為最後一位被普遍承認並統治整個蒙古帝國的大汗。

蒙古帝國短暫達至高峰後，又旋即瓦解。

✧ 汗位之爭

蒙哥死後，他兩個弟弟——忽必烈（Kublai）和阿里不哥（Ariq Boke）開始爭奪懸空的汗位。忽必烈認為，由於他較年長，所以汗位應該由他來繼承。阿里不哥與蒙哥較親近，認為自己才是蒙哥授意的繼承人。例如，當出征南宋時，蒙哥便先委任了阿里不哥作為攝政王代為統治。

無論如何，兩人都有自己的理據去繼承汗位，互不退讓，最後只好訴諸武力。於是，蒙古帝國便陷入為期四年的內戰。阿里不哥知道若要戰勝忽必烈，必須得到盟友支持。他迅速地獲得了黃金家族支持，希望藉此向忽必烈施壓。至於擁有超卓軍事才能的忽必烈，則利用金國故土資源培養了一支強大軍隊，在接下來四年壓制著阿里不哥，並成功迫使阿里不哥聯盟瓦解。一二六四年，阿里不哥走投無路之下最終向忽必烈投降，忽必烈同年自立為蒙古大汗。

忽必烈成功統一了所有蒙古貴族，蒙古帝國經過四年內戰後重新統一，而且看似比之前更強大，但實際卻不然。當他自立為蒙古大汗後，其餘三大汗國

（Khanate）的汗王沒有前往忽里勒台（Kurultai，即蒙古帝國軍事會議），代表他們根本沒有承認忽必烈任何權威。雖然滅亡南宋已是必然之事，但內戰造成貴族之間的裂痕卻已無法逆轉，無論忽必烈如何想修補，蒙古帝國註定要分裂了。

西方歷史學家普遍認為蒙古帝國分裂後產生了四個政權：大元（Great Yuan）、金帳汗國（The Golden Horde，或稱欽察汗國）、察合台汗國（Chagatai Khanate）和伊兒汗國（Ilkhanate）。至於窩闊台汗國（House of Ögedei），由於在歷史上沒有成為完全獨立汗國，因此不在此贅述。這篇文章亦採用大元、金帳汗國、察合台汗國和伊兒汗國為四大汗國的說法。事實上，除大元外的三大汗國，並不完全無視大元宗主身份，它們後來名義上皆奉大元皇帝為蒙古大汗，承認其宗主地位。只是，實際上大元皇帝對其餘汗國根本沒有管轄權和影響力，汗國之間的戰爭也沒有因為共同承認一位宗主而結束。

✧ 大元

歷任蒙古大汗都夢想能夠征服華夏大地，成為中國的主人，這個宏大夢想終於在忽必烈消滅南宋後得以完成。然而，滅宋戰爭卻沒有像前三次西征般那麼順利。南宋王朝軍隊有個特點，就是士兵數目龐大，而且還有一支海軍阻截蒙古軍從海路南下。蒙古軍繼續依賴他們所向披靡、橫掃歐亞的輕騎兵部隊侵宋，卻受到宋軍堅守不出的策略牽制。由此，忽必烈軍隊只好採取不急於求勝的戰法，乃以逐一擊破的策略緩緩削弱宋朝抵抗力量，最終用了十一年時間才成功滅宋，所花時間遠比過去多次快速的征服行動多。一二七六年，宋都臨安被攻陷。一二七九年，崖山海戰下宋軍全軍覆沒，南宋滅亡。

相繼征服金國、西夏和南宋後，蒙古人在忽必烈統治下終於完成了一統中國的美夢，結束了自九世紀唐朝滅亡後的割據局面。

忽必烈繼承了前朝統治結構，把原是漢人擔任的職位換成蒙古人，並開始採用漢人習俗，自稱為「皇帝」，把國號定為頗有華夏特色的「大元」。他無視親信反對，把帝國首都遷至大都（今中國北京）。然而，這樣做卻使帝國西半部的離心更大，使更多蒙古王公不滿，認為他背離了蒙古人傳統文化。其實，忽必烈所以作出這種選擇，也是迫不得已。他知道，經過與阿里不哥的內戰，各種勢力因為支持不同陣營，已使帝國分崩離析。即使忽必烈成功擊敗阿里不哥，但卻已經失去對帝國西部的控制。雖然，內戰後這些地區名義上還屬於蒙古帝國，但卻不再聽令於忽必烈大汗命令。為了防禦西部地區潛在威脅，他只好把權力和統治中心遷入他牢牢掌握的勢力範圍——中國，才能鞏固自己統治。

大元所以能從蒙古帝國蛻變出來，是因為忽必烈能看清內戰後的形勢，為帝國進行局部漢化，才能在中國站穩住腳。正因如此，大元在整個蒙古帝國裡，是最接近漢文化的蒙古政權。可是，這種漢化是局部而不完整的，帝位繼承制度並不完善，大元一開始便極不穩定，最終政治變得十分混亂，成為其滅亡的一個重大因素。

因為政治混亂而導致經濟崩潰，引爆了元末民變，不少農民和流寇紛紛起事。最終在一三六八年，朱元璋的明軍攻陷大都，大元最後一位皇帝元順帝倉皇北逃，中國自此進入大明王朝時期。大元政權退回北方，仍苟延殘喘了二十年方才滅亡。

✧金帳汗國

金帳汗國位於蒙古帝國西北部，毗鄰東歐地區，盤據在伏爾加河地區（Volga Region）、烏拉爾山脈（Ural Mountains）、黑海北草原、西西伯利亞（Western

Siberia）、鹹海（Aral Sea）以及俄羅斯諸公國等地，原是成吉思汗之孫拔都（Batu）的封地。由於所在地區大部分住民為欽察人，因此金帳汗國有時會被稱為欽察汗國（Kipchak Khanate）。金帳汗國向西不斷擴張，曾一度威脅波蘭、立陶宛和普魯士等地。

當忽必烈與阿里不哥爭權時，金帳汗國統治者別兒哥（Berke）支持阿里不哥陣營。別兒哥還沒繼承汗位時便已皈依伊斯蘭教，所以當他繼位後，金帳汗國便逐漸伊斯蘭化。

伊斯蘭化後的金帳汗國與伊兒汗國隨即產生了矛盾。伊兒汗國當時剛剛殘暴地征服了中東地區的穆斯林國家，信奉伊斯蘭教的金帳汗國極度不滿。而且，雙方一直為兩國邊界爭拗不斷，最終促使這兩個本是同根生的蒙古政權反目成仇。別兒哥兒子忙哥帖木兒（Möngke Temur）繼承汗位後，伊兒汗國與金帳汗國繼續維持著敵對關係。

自一二六二年起，金帳汗國常與伊兒汗國爆發戰爭。別兒哥雖然在戰爭中成功抵禦伊兒汗國入侵，但卻因為忙著應付而無法分身支援阿里不哥。後來，忽必烈擊敗阿里不哥後，支持阿里不哥的別兒哥拒絕前往忽里勒台出席忽必烈登基大典，意味著他並不承認忽必烈作為大汗的權威。既然金帳汗國支持阿里不哥，忽必烈當然支持伊兒汗國。他以蒙古大汗的身份，反對金帳汗國侵擾伊兒汗國的軍事行為。可金帳汗國不聽令於忽必烈，繼承別兒哥汗位的忙哥帖木兒並不愚昧，他深知忽必烈根本無法動搖到他的地位。

如此明目張膽反對忽必烈，又與伊兒汗國關係惡劣，加上山高皇帝遠，忙哥帖木兒根本沒有任何意欲要蒙古帝國團結在一位大汗之下，金帳汗國基本上已完全獨立於大元支配。當大元入侵窩闊台汗國時，忙哥帖木兒更派出援軍馳援當時窩闊台汗國統治者海都（Kaidu）。

金帳汗國一直存在至十六世紀初。十五世紀時，莫斯科大公伊凡三世（Ivan III, Grand Price of Moscow）成功脫離金帳汗國控制，逐步統一俄羅斯，發展成俄羅斯沙皇國。在失去對俄羅斯的控制後，金帳汗國分裂成四個汗國——大帳汗國（Great Horde）、喀山汗國（Казанское ханство／Khanate of Kazan）、阿斯特拉罕汗國（Astrakhan Khanate）和克里米亞汗國（Crimean Khanate）。

✧察合台汗國

察合台汗國原是成吉思汗次子察合台（Chagatai）的封地，盤據在中亞，包括阿富汗、七河（Zhetysu，位於今哈薩克）和喀什（Kashgaria，位於今中國西北）等地。汗國原本一直忠於蒙古大汗，但情況來到忽必烈時便有所改變。當時，察合台汗國實際統治者兀魯忽乃皇后（Queen Orghina）主張在忽必烈與阿里不哥的衝突中保持中立。然而，阿里不哥認為察合台汗國的支持尤關重要，於是他扶植察合台之孫阿魯忽（Alghu）登上察合台汗國汗位，希望阿魯忽今後會支持他，為他提供兵器和軍資。

可是，阿魯忽有自己盤算，沒有因此支持阿里不哥。他趁著內戰的契機，宣布察合台汗國獨立成國。為了增加籌碼，他派兵攻擊阿里不哥盟友金帳汗國，宣稱支持忽必烈。阿魯忽雖然支持忽必烈，但卻不讓忽必烈干涉汗國政事。忽必烈因為在內戰時需要盟友，因此就只能默認察合台汗國獨立。可以說是，阿魯忽聰明地利用了內戰，讓汗國脫離蒙古帝國。

不少蒙古政權似乎都進行了在地化。大元局部漢化，金帳汗國伊斯蘭化，伊兒汗國則同時受到基督教、薩滿教和佛教影響，只有察合台汗國保持了最接近蒙古的遊牧文化。汗國中仍存在不少遊牧部落，統治也較為鬆散。正因如此，察合台汗國經濟發展十分緩慢，而且因為與眾多國家接壤，所以經常與鄰國發生戰爭，國力是最弱的一個。

一二七二年至一三〇一年間，察合台汗國汗王經常被推翻。後來，汗國分裂成占據河中地區（Transoxania）的西察合台汗國和占據蒙兀兒斯坦（Moghulistan）的東察合台汗國。最終，西察合台汗國被帖木兒帝國（Timurid Empire）取代，東察合台汗國則被葉爾羌汗國（Yarkent Khanate）取代。

包含分裂時代的話，察合台汗國是四大汗國中最長壽一個，一直存在至十六世紀後葉。

✧伊兒汗國

蒙哥還在位時，曾派遣弟弟旭烈兀率軍西征。旭烈兀順利征服波斯地區的阿拔斯王朝和敘利亞地區的阿尤布王朝，並把曾經是伊斯蘭文化中心的巴格達夷為平地，伊兒汗國便是建立在旭烈兀征服行動上的汗國。具體來說，伊兒汗國疆域分別屬於亞塞拜然（Azerbaijan）、伊朗、敘利亞和土耳其等現代國家。

蒙哥逝世後，正與埃及馬木留克王朝打仗的旭烈兀決定班師回朝。旭烈兀在內戰支持忽必烈，忽必烈於是把旭烈兀征服的土地分封給他，讓他建立了伊兒汗國。伊兒汗國名字其實就是「從屬」的意思，源於旭烈兀向忽必烈示忠。

旭烈兀殘暴對待阿拔斯王朝哈里發和摧毀伊斯蘭文化中心巴格達，引起伊斯蘭化的金帳汗國不滿，加上兩國分別支持忽必烈和阿里不哥，因此它們處於長期敵對狀態。

旭烈兀死後，兒子阿八哈（Abaqa）繼承汗位。在阿八哈統治下，伊兒汗國經常與周遭國家發生戰爭，勝多敗少。例如，他打敗察合台汗國的八剌（Baraq），攻克其都，對金帳汗國的戰爭亦占了上風。由於戰爭頻仍，伊兒汗國邊界經常改變，初期是四大汗國中最強盛的一個。

伊兒汗國建立目的便是征戰。汗國專注對外擴張和征服，目標多是中東地區的伊斯蘭國家，內政問題一直沒有好好處理。最終，伊兒汗國內部長年的權力鬥爭和內耗，使其逐漸無力向外擴張，導致了整個汗國逐漸瓦解。當汗國失去立國初衷後，反受到伊斯蘭教影響，與金帳汗國一樣變成伊斯蘭教國家。伊兒汗國的管治一直非常失敗，最終汗國分裂，長期處於割據狀態。

一三五七年，伊兒汗國首都大不里士（Tabriz）被宿敵金帳汗國軍隊攻陷，伊兒汗國汗室統治階層滅亡。至於那些伊兒汗國分裂後產生的割據政權，則逐漸被取代了西察合台汗國的帖木兒帝國吞併。

希臘化文明先驅：位居邊陲地帶的古馬其頓帝國

馬其頓是希臘一部分嗎？

如果有人問，在西方歷史上最家傳戶曉的人物是誰，你會怎樣回答？雖然沒有客觀數據支持，但我相信很多人都會選擇回答亞歷山大大帝（Alexander the Great）。這答案並不奇怪，畢竟英明神武的亞歷山大大帝，是古馬其頓王國（Kingdom of Macedonia）的國王。除了在世時他達成的豐功偉績外，也同時改變歷史發展軌跡，開啟了希臘化時期（Hellenistic Period）。馬其頓跟希臘有什麼關聯？馬其頓又是不是希臘一部分？

回答這個問題前，先介紹一下馬其頓王國。馬其頓位於古典希臘世界邊陲地區，對於居住在愛琴海地區古典文明的希臘人來說，位於半島北方的馬其頓人是未開化的蠻族。他們沒有希臘世界豐盛的政治、藝術、哲學和知識文化發展，而且具有遊牧民族特質，像部落多於一個有系統的國家。

馬其頓後來能夠成為希臘世界代表，並非因為亞歷山大大帝的豐功偉績。他的父親菲利普二世同樣是個偉大的國王。在他的統治時期，當時實力比較強的雅典、斯巴達和底比斯（Theban）等的希臘城邦，在經歷過長年爭鬥後陸續衰落。敏銳的菲利普二世也看清這點，他帶領軍隊南下征服了大部分的希臘城邦，孤立了不肯屈服的斯巴達，成功統一了希臘世界，為其子亞歷山大東征波斯奠下了重要的基礎。

✧亞歷山大大帝之前的馬其頓

不過，馬其頓王國的歷史不是始於菲利普二世，也不是在亞歷山大大帝逝世後結束。事實上，亞歷山大大帝在歷史上被稱為亞歷山大三世（Alexander III），在他之前，已經存在兩個同樣名字的祖先呢。馬其頓王國的歷史是歷史學家富有興趣的一塊神祕之地。可惜的是，古馬其頓王國文獻已經散迭，我們只能依靠古希臘人對於馬其頓王國的描述，窺探這個國家在菲利普二世和亞歷山大大帝統治時期之前的歷史。不過，因為古希臘人認為馬其頓是蠻荒之地，所以對其並不重視，而且也不完全客觀。例如，在荷馬史詩中遠征特洛伊的希臘聯軍中，並沒有提及有馬其頓人的存在。

然而，由於位於巴爾幹半島和希臘半島的要衝位置，馬其頓早已是巴爾幹人與希臘人交流的必經之地。這片土地雖然沒有出現過偉大的藝術家、哲學家或是政治家，但因為土壤肥沃，因此有為數不少的堅壯農民和騎手，而且還有大片森林，其出產的木材便是雅典著名的海軍建造戰艦的原材料。既然馬其頓地區有著大量資源，自然便會吸引外來人口在此定居。第一批在這裡定居的人便是馬其頓人，他們原是放羊的遊牧民族。他們把首都稱為艾加伊（Aegae），就是「羊群的地方」的意思。古馬其頓人民族性粗獷，他們喜愛打獵和舉行宴會。在宴會上他們喜歡喝非稀釋的酒，這跟古希臘人的傳統大相徑庭，難怪他們會被古希臘人看不起。

在荷馬時代（Homeric Age）的歷史文獻中未有提及過馬其頓。馬其頓第一次被提起是在前八世紀末葉，古希臘詩人海希奧德（Hesiod）的著作《女士目錄》（*Catalogue of Women*）中曾提到一個名叫「馬其頓」的人，他被認為是馬其頓人的祖先。後來在前五世紀，歷史之父希羅多德（Herodotus）在他的著作《歷史》（*Histories*）中提到，有些希臘人（Hellenes）在班都斯山脈（Pindus Mountains）一帶定居，然後稱那個地方為「馬其頓」。

雖然以上關於馬其頓人的起源沒太多確實的考古證據支持，但希羅多德提到，在前五世紀爆發的波希戰爭中，波斯人的軍隊有著馬其頓人的身影。當時馬其頓臣服於波斯之下，國王為亞歷山大一世（Alexander I, King of Macedonia）。亞歷山大一世的祖先是馬其頓王國開國君主佩爾狄卡斯一世（Perdiccas I），傳說他是希臘神祇宙斯和海格力斯的後代。也即是說，希羅多德認為馬其頓人是希臘人的一支。

統治馬其頓王國的是阿吉德王朝（Argead Dynasty）。事實上，阿吉德並非單一家族，更像是一個馬其頓部落的名稱。他們在前四世紀才開始以古希臘語作為官方語言，但在平民和軍隊中，古馬其頓語的使用仍然非常普遍。

那麼讓我們回到最初的問題，馬其頓究竟是不是希臘一部分？我認為馬其頓不算是古希臘文明的一部分，但因受到其影響，最後成為了希臘文化的傳播者。而當時的古希臘人，確實不認同馬其頓人是希臘世界的一部分，因為在歷史、語言、傳統、文化和軍事上，彼此的分野實在太大了。

✧繼承荷馬時代的君主制

馬其頓繼承了荷馬時代的希臘國家君主制度。這種君主制度的特點是，國家由無數個部落組成，每個部落都有屬於自己的「王」。這些「王」之中最強大的「王」，憑著一定的軍事實力，便會成為國家的首領。因為這樣，馬其頓王國的國王在決定政策時，會先與其他「王」達成共識。這與古典時期眾希臘城邦的寡頭政治制度十分不同。例如，雅典已發展出民主制，而就算比較專制的斯巴達，都採取雙王制度避免權力過於集中。事實上，馬其頓所在的地理位置使它經常受到來自伊利里亞（Illyria）和色雷斯（Thrace）的威脅，因此採取君主制可以迅速有效地作出應變。

荷馬時代的統治者會聲稱自己的祖先是神祇的後代，以證明自己統治的合法性，馬其頓也不例外。當然，要有效統治國家，需要的還是國王的領導才能，因為他們需要主持宗教儀式、化解各部落之間的紛爭和領導軍隊抵禦外敵等等。馬其頓的國王，似乎在這些範疇上都處理得很成功。根據《女士目錄》中的記載，馬其頓人擁有強大的軍事實力，在於他們擅長騎術，能靈活地在馬上作戰。

✧馬其頓的崛起

前五世紀時，馬其頓第一位國王佩爾狄卡斯一世帶著人民在馬其頓定居，建立首都艾加伊。後來，馬其頓王國先後征服皮奧尼亞人（Paeonians）和色雷斯人（Thracians），成為了北愛琴地區的主要強權。

在馬其頓王國前期的歷史裡，有三位君主很值得我們認識，他們成功鞏固了馬其頓王國的根基。第一位是前面提過的亞歷山大一世。在他統治時期，波斯入侵希臘，但他很聰明地讓馬其頓兩邊都不開罪，為國家在波希戰爭中謀取最大利益。表面上，馬其頓臣服於波斯帝國，但實際上卻向希臘人通風報信。有些文獻更提及亞歷山大一世曾隻身前往希臘陣營，向希臘人解釋了波斯軍隊的進攻計劃。後來，波斯在戰爭中失敗，亞歷山大一世便順勢向東擴張，奪取了大量金銀和木材等戰利品。

另外兩位分別是佩爾狄卡斯一世和阿奇拉一世（Archelaus I）。他們在被稱為希臘世界大戰的伯羅奔尼撒戰爭（Peloponnesian War）中，同時與彼此敵對的雅典、斯巴達和哈爾基斯人（Chalcidians）建立同盟關係，並在希臘諸城邦彼此混戰時，擴充馬其頓王國的軍事和運輸設施，建立極具影響力的愛琴地區軍事實力。顯然，當時的馬其頓王國，已有準備南侵希臘之心，他們只等待時機成熟。

✧ 菲利普二世統一希臘世界

不過，就在阿奇拉一世死後，馬其頓陷入了混亂狀態。在前四世紀前期的四十年間，馬其頓王位更迭了五次，其中有三位國王死於刺客之手。直至佩爾狄卡斯三世（Perdiccas III）在與伊利里亞人的戰爭中身亡後，其弟菲利普二世繼承王位，馬其頓王國的政局才漸漸穩定下來。強悍的菲利普二世先打敗了伊利里亞人，為其兄報了血海深仇，然後便把勢力一舉擴張到色薩利（Thessaly）和色雷斯等地區。此時經歷過伯羅奔尼撒戰爭而元氣大傷的希臘諸城邦，對菲利普二世的擴張態勢起了警惕之心。不久後，希臘強權雅典與馬其頓王國關係日益惡劣，並在前三四〇年正式向其宣戰。

戰事很快便明朗化。菲利普二世在一場決定性的戰役——喀羅尼亞戰役（Battle of Chaeronea）中打敗了雅典。面對運用著名的「馬其頓方陣」

（Macedonian Phalanx）的馬其頓騎兵，雅典與底比斯聯軍的主力兵種希臘重裝甲步兵（Hoplites）被徹底擊潰。這結果其實並不意外，菲利普二世早在與希臘交惡前，便已著手訓練軍隊和改良方陣結構。由於軍事準備充足，他為其子亞歷山大三世在位時的遠征奠下了牢固的基礎。菲利普二世確立了馬其頓在希臘的霸權後，便將他的目光放在東方的波斯帝國身上，並作出一連串的準備。可惜天不從人願，他本人不久便在女兒的婚宴上被刺殺身亡，遺下征服波斯的夢想，由青出於藍的兒子亞歷山大三世完成。

正所謂虎父無犬子，亞歷山大三世是個軍事天才。他帶領希臘（馬其頓）軍隊東征，先征服了波斯帝國，並持續向東推進遠至印度邊界。雖然亞歷山大三世有意繼續向東挺進，但他的軍隊卻因長年征戰而感到厭倦。亞歷山大三世沒有辦法，只好班師回國，但卻在巴比倫因病逝世，死時才三十二歲，其豐功偉業使他得到了「大帝」的稱號。亞歷山大帝國版圖廣至兩億平方英里，但帝國在他死後卻迅速瓦解。他的部將們互相爭奪帝國的繼承權，導致了繼業者戰爭爆發。後來，亞歷山大帝國被瓜分為數個繼業者國家，彼此的戰爭還持續了二十年之久。

✧ 亞歷山大大帝之後的馬其頓

雖然亞歷山大帝國已經崩解，但馬其頓王國仍是希臘人的心臟地區。亞歷山大大帝出征前任命的攝政王安提帕特（Antipater）及其子卡山德（Cassander）統治期間，馬其頓王國尚算穩定。及後到了前二九七年，馬其頓王國進入混亂時期，安提柯二世（Antigonus II）結束了混亂，打敗了入侵的高盧人，建立了統治馬其頓王國的安提柯王朝（Antigonid Dynasty）。

馬其頓王國存在直至前一六八年。最後兩位馬其頓國王菲利普五世（Philip V）和其子珀爾修斯（Perseus）面對著西方愈來愈強大的羅馬共和國，滅亡的命運似乎已無法改變。馬其頓與羅馬之間爆發了四次戰爭，稱為馬其頓戰爭（Macedonian Wars）。第一次發生在羅馬與迦太基之間的第二次布匿戰爭（The Second Punic War）期間，菲利普五世雖然從羅馬手中獲得了一點利益，但卻埋下了滅亡的種子。他被這次勝利沖昏了頭腦，好戰的他不久後便發動了第二次馬其頓戰爭。這次他就沒那麼幸運了，馬其頓軍隊於前一九七年在庫諾斯克法萊（Cynoscephalae）中被打敗，戰後馬其頓失去了本國以外的所有領土。

菲利普五世死後，珀爾修斯繼位。他欲重建馬其頓的影響力，但在前一六八年發生的第三次馬其頓戰爭中在彼得那（Pydna）被徹底擊敗。他戰後被俘虜到羅馬，留下的馬其頓王國則分裂為四個各自為政的共和國。四年後，一名希臘人安德里斯庫斯（Andriscus）自稱為珀爾修斯的兒子，要為馬其頓王國復國，於是與羅馬展開了第四次馬其頓戰爭，但這也是最後一次。前一四六年，安德里斯庫斯的軍隊戰敗，馬其頓王國在歷史舞台消失，最終變成了羅馬的一個行省。

不可一世的海上霸權：最懂經商的威尼斯共和國

✧ 沼澤上的都市

位於義大利的威尼斯（Venice, Italy）一直是世界旅遊勝地。與一般我們認識的城市不同，威尼斯像是個懸浮在海面上的美麗城市，以水道而非以柏油路貫穿這個城市，代替了道路的功能，一艘又一艘的船隻則代替了汽車。若曾到訪過威尼斯的你，可能只會覺得這是個充滿渡假風情的城市，但你有沒有想過，原來這座獨特而世上知名的城市，最初建城目的只是一群難民為避難而建立的聚落，後來卻發展成為地中海海上強權？

建立城市最理想的地點大多是氣候宜人、土壤肥沃和優越的地理位置，最好是有天險的平原。可是，威尼斯完全不符合以上條件。它的位置原是一片沼澤，後來沼澤逐漸變成潟湖。所謂潟湖其實最初是海灣，但出海口因為隨時間流逝而泥沙沉積，形成沙丘並封閉了出海口，最後變成湖泊。威尼斯在潟湖中心的小島群上，土地量不足，湖中心也說不上是很好的地理位置。

不過有趣的是，就是因為威尼斯這樣封閉性的地理特點，才成為了一眾難民最理想的聚居地。五世紀後，西羅馬帝國名存實亡，歐洲陷入一片混亂。此後，從各路而來的蠻族在羅馬帝國故土上紛紛建立勢力和王國，掀起一連串動盪不安的形勢，昔日「羅馬和平」（Pax Romana）不復存在。

戰亂頻仍，不少羅馬人流離失所，離開了昔日家園。其中一群羅馬人為了躲避戰亂而來到亞德里亞海（Adriatic Sea），發現了被沼澤包圍著的泥灘小島群。這些小島群是易守難攻的天然要塞，隔絕了大陸那邊的戰亂，於是他們決定在這個不起眼的泥灘小島群上定居，建立了威尼斯雛形。一般來說，威尼斯把傳統建城日子定在四二一年三月二十五日。這天是威尼斯首間教堂——里亞爾托聖雅各伯教堂（San Giacomo）在其中一個小島里亞爾托（Rialto）建成的日子。

威尼斯在地理上完全與義大利本土分開，被那些難以穿越的沼澤包圍著。威尼斯雖然提供了無與倫比的地理環境給難民作避難之用，但這種避難功能卻同時為難民帶來了十分頭痛的難題——糧食與財富問題。在中世紀歐洲，土地戰略價值極高，代表著權力與財富。中世紀歐洲的國王並沒有絕對權力，擁有大量土地的地方貴族可能在權力和財富上比國王還要多，其中一個例子便是法國境內的亞奎丹公國（Duchy of Aquitaine）。名義上臣屬法國國王的亞奎丹公爵（Duke of Aquitaine），其所實際控制的土地卻遠超國王。原因很簡單，肥沃土地可以用來生產大量糧食，而糧食則是養兵和累積財富不可或缺的元素。有了充足糧食，就能坐擁強大軍隊和大量財富。

可是，被沼澤包圍的威尼斯卻顯然沒有這種地理優勢。除了水、漁獲和海鹽之外，威尼斯就沒有丁點更值錢的天然資源了，更遑論適合發展農業的土地。莫說是逃避戰亂，威尼斯人現在卻需面對更嚴重的問題——生存。威尼斯人想，難道為了安全，就註定要過著極度貧苦的日子嗎？可歷史卻告訴我們，威尼斯人一度成為了極富有的一群，後來更成為地中海強權！他們化劣勢地理為優勢，終於找到了成功之道——航海與貿易。他們開始專注掌握造船和航海技術，解開了當時的財富密碼。

✧ 曾是羅馬人，現在是威尼斯人

威尼斯位處西歐，威尼斯人祖先是流亡的羅馬人，因此他們傳統上仍奉羅馬帝國皇帝為最高元首，實際統治威尼斯的人稱威尼斯總督（Doge of Venice）。如今西羅馬帝國已經覆滅，唯一擁有羅馬正朔的只剩下東羅馬帝國（拜占庭帝國），因此他們改為效忠那個在君士坦丁堡（Constantinople）的拜占庭帝國皇帝。

除了這是歷史遺留下來的傳統外，其實還有非常實際的作用。在控制亞德里亞海的拜占庭帝國默許下，威尼斯在那裡能夠安穩發展他們的商業。海上商業發展不僅是威尼斯的生存之道，還是城市基建發展的重要支撐。

例如，由於威尼斯位於沼澤上，泥土鬆軟，要在上面興建樓房絕不是易事。威尼斯人需要選擇堅固而又抗侵蝕的木材作為建築材料，只有亞德里亞海對岸的達爾馬提亞（Dalmatia）出產的木材最為理想。為了把大量又重又大的木材從彼岸運送回來建造樓房，威尼斯人最初只能採取「愚公移山」的方法處理。不論富貴貧苦，所有人都有責任輪班工作，拖拉著船隻運送木材，當木材運抵威尼斯後又會輪流負責把椿木打進泥土中。這種從零開始建設威尼斯的情況，很快讓當地人產生了社會共同體的概念。漸漸地，他們認為羅馬人這個身份已成過去，如今他們是個全新又獨特的新族群——威尼斯人。

威尼斯長久以來是拜占庭帝國位於西歐的一個前哨站。不過，威尼斯始終離帝國政治中心君士坦丁堡頗遠，幾乎不受拜占庭帝國皇帝控制，而享有相當高的自治權。十一世紀末，威尼斯愈來愈強大，拜占庭帝國則愈來愈弱，最終威尼斯成了獨立之國——威尼斯共和國（Republic of Venice），不再是拜占庭帝國附庸國。

✧威尼斯的商機：十字軍東征

因為擁有強大的航海能力，威尼斯在十字軍東征中參與度很高。一〇九九年，十字軍打敗穆斯林，攻陷聖地耶路撒冷（Jerusalem），在當地建立了許多十字軍國家。十字軍國家多建於圍繞著耶路撒冷的黎凡特地區，靠近地中海東岸。聰明的威尼斯人看出了潛在商機，把大量來自近東地區的高價值小型奢侈商品從十字軍國家運回威尼斯，然後再轉賣給西歐那些基督教王國。這些基督教王國為了粉飾自身地位和權力，對奢侈商品需求十分高。就這樣，航海商業使威尼斯人愈來愈富有。有趣的是，讓威尼斯人獲得最豐厚利潤的商品不是什麼珍貴寶石，而是當時一種人人渴求的調味料——香料。香料讓歐洲人的飲食有了全新體驗，從那時起，人們才知道原來食物味道能夠如此千變萬化。

✧有危便有機？第四次十次軍東征

隨著十字軍衰落，穆斯林重整旗鼓，逐一奪回被基督徒侵占的土地和聖城耶路撒冷。對於威尼斯人來說，這是一個極壞消息，不是因為失去基督教聖地，而是他們行之有效的賺錢方式再也行不通。一二〇二年，羅馬教皇英諾森三世（Pope Innocent III）號召第四次十字軍東征，威尼斯人旋即拍手叫好。十字軍代表來到威尼斯後，向威尼斯人提出運兵要求，他們計劃從海路前往聖地。

當時威尼斯總督恩里科．丹多洛（Enrico Dandolo）已年屆九十，雙目早已失明，但仍擁有清晰的商業頭腦，認為這是讓威尼斯更上一層樓的好機會。十字軍向威尼斯要求能夠運載三萬三千五百名士兵和四千五百匹戰馬到黎凡特，無疑是威尼斯史無前例的大生意。如果要完全滿足十字軍要求，丹多洛計算過後，知道威尼斯需要舉國上下、傾盡全力兩年時間才能完成——一年用作建造戰船，一年用作運輸。

可是成與敗只差一線，如果這項交易成功，將為威尼斯帶來前所未有的巨大財富；但若有什麼閃失，傾盡所有家當的威尼斯將會血本無歸。利潤高，風險也很大。丹多洛不敢自把自為，他唯有號召所有威尼斯人來到里亞爾托聖雅各伯教堂，直接讓國民聽聽十字軍解說。最終，威尼斯人決定「盡地一鋪」，同意傾盡全國資源完成交易。

然而，最後來到威尼斯的十字軍，無論是前來的人數，還是帶來支付的金錢，都遠比當初承諾的少。威尼斯人把整個威尼斯用作賭注，如今似乎要血本無歸了。十字軍領袖們都有自知之明，威尼斯人好歹花光了大部分家當，不遺餘力地履行合約條款，如今卻遭背信棄義。如果十字軍無法履行合約一事傳了開去，恐怕將動搖了十字軍名聲之餘，還會使這次東征就此無疾而終。

於是，雙方提出了一個解決方案。亞德里亞海對岸的札拉（Zara）是威尼斯長久以來的死對頭，十字軍同意幫助威尼斯人進攻和洗劫札拉，以換取前往黎凡特的路費之餘，還能彌補威尼斯部分損失。意想不到的是，這個決定卻是更大災難的前兆。札拉同屬基督教勢力範圍，舉著信仰旗幟的十字軍竟然攻擊和洗劫札拉，公然違反英諾森三世指示。他們以信仰為名，卻以私利為實，十字軍就此蒙上污點，而且變得更沒底線了。

一二〇四年，洗劫札拉後的十字軍被丹多洛誘導來到抵抗穆斯林的主要堡壘——宏偉的拜占庭帝國首都君士坦丁堡。威尼斯人和十字軍極需要金錢支撐他們往後的軍事行動，因而被捲入拜占庭帝國的帝位之爭。他們幫助阿歷克塞四世（Alexios IV）奪得帝位，但阿歷克塞四世卻無力支付當初承諾過威尼斯人和十字軍的豐厚報酬。

老羞成怒的十字軍決定圍攻君士坦丁堡。他們知道這座宏偉都城乃富裕之都，心中盤算著再進行一次在札拉時一樣的行為——洗劫君士坦丁堡。十字軍攻陷這座偉大都市後，隨即衝進去燒殺搶掠了三天，把當初由君士坦丁大帝（Constantine the Great）和查士丁尼大帝（Justinian the Great）一手建立和擴展的這座城市破壞和洗劫一空。他們行為野蠻，狡猾的威尼斯人卻懂得君士坦丁堡雕塑和藝術品才是最珍貴的財富。他們把大量雕塑和藝術品運走，其中最著名的便是駟銅馬像。駟銅馬像本佇立在君士坦丁競技場（Hippodrome of Constantine），戰後被移至威尼斯聖馬爾谷聖殿（San Macro）前的陽台上，供總督欣賞，並改稱為「聖馬爾谷之馬」（Horses of Saint Mark）。

洗劫君士坦丁堡之舉為拜占庭帝國帶來決定性災難，另一邊廂卻成功讓處於破產邊緣的威尼斯得到前所未有的巨大財富。不只這樣，一個親威尼斯的拜占庭帝國皇帝後來更為威尼斯創造了嶄新商機。究竟是什麼商機呢？

✧熱那亞人不再是對手

威尼斯曾被稱為「跨海之國」（Stato da Màr）。這個地中海商業強權之所以有這樣的稱號，全因它的領土在過去兩個世紀皆分散在地中海各個沿岸。這些分散的據點有效使威尼斯人能夠牢牢控制地中海的海上貿易。

第四次十字軍東征（The Fourth Crusade）時，威尼斯人與十字軍騎士一同洗劫了君士坦丁堡，獲得了史無前例的巨大財富。可這些有形資產並不是這次東征的最大收穫，威尼斯得到的遠不只此。拜占庭帝國因為第四次十字軍東征而亡國，皇室成員跑到了尼西亞（Nicaea）建立了流亡政府。至於被攻陷的君士坦丁堡，十字軍在那裡成立了由西歐貴族控制的拉丁帝國（Latin Empire）。

這個拉丁帝國跟威尼斯利益算是一致，讓威尼斯人得到了巨大新商機，可以開發許多新經商地點，讓本來跟威尼斯一直處於激烈競爭的熱那亞（Genoa）再也無法與之相提並論。熱那亞跟威尼斯一樣是個海上商業強權，他們在義大利半島西側的利古里亞海（Ligurian Sea）崛起。如同威尼斯人一樣，熱那亞人也是出色的水手和商人，利用海上貿易賺取了巨大財富。

本來，他們實力平分秋色，在商業競爭上誰也無法完全打敗對方。但是，自從君士坦丁堡之圍（Sack of Constantinople）後，威尼斯卻成功把競爭對手熱那亞排除在黑海（Black Sea）貿易之外，嚴重打擊了熱那亞貿易，雙方愈見交惡。事實上，這兩名競爭者自十三世紀後便一直設法斷絕對方使用各種前往君士坦丁堡做生意的有利經商路線。

這種不斷日增的交惡最終讓他們在一個世紀後爆發了四次全面戰爭。因為兩國領土非常相近，而且同是分散在地中海各沿岸，因此戰爭除了正統的軍事衝突外，還夾雜著大量海盜掠奪行為和商人經商時的暴力衝突。最終，熱那亞被打敗，從此一蹶不振。

✧蓬勃的商業發展帶來了財富，也帶來了死神

無論如何，十四世紀發生怎樣的事也好，威尼斯在十三世紀末確實成為了全歐洲最富裕、最繁榮和人口最盛的城市之一。極盛的威尼斯造就了機會，讓商人更願意前往未知世界進行探索和尋找商機，著名的馬可孛羅（Marco Polo）就是一例。這些商人衝出歐洲，從世界各地帶來了各種各樣的商品。

然而，在這個看似日趨繁華和富裕的時代，擴大的貿易路線不只帶來了巨大財富，還帶來了歐洲人歷史上一次最大的夢魘——黑死病（Black Death）。東方黑鼠隨著商品貿易來到了歐洲，牠們身上的跳蚤帶有致命病菌，導致黑死病在十四世紀中葉迅速席捲歐洲。威尼斯作為最先受到黑死病肆虐的城市之一，三分之二人口就這樣被鼠疫奪去。直到黑死病漸漸消失後，受疫情重創的威尼斯才從廢墟中重新出發。

✧冷酷無情的清廉制度

可別以為威尼斯人只重視商業而無視其他東西，他們對清廉的重視並不亞於

經商。威尼斯共和國在十八世紀末滅亡，國祚總計持續了一千一百年。當後世整理這個國家昔日資料時，發現書寫紀錄能夠放滿長七十二公里的書櫃。這些資料詳細紀錄了威尼斯人過去的管治情況和法律，是歷史學家研究威尼斯歷史的重要史料。例如，為確保政府官員廉潔，避免出現官商勾結情況，當時威尼斯嚴格禁止外省總督親自參與任何商業貿易，不得濫用權力向親屬私相授受，亦禁止在任何官方場合帶親人一同參與。共和國領導人威尼斯總督甚至不能接收任何外國貴族贈送的禮物。

當然，這些都不只是紙上談兵。威尼斯會定期派遣稱為「普域迪托里」（Provveditore）的監督人員到訪外省，意即「看待事物的人」。他們一行有三，身穿黑色長袍，擁有無上權力，可以把任何階級的官員召來問話。這些監督人員會檢查行政紀錄，看看外省總督和官員有沒有違規。然而另一邊廂，威尼斯怎樣確保派出的監督人員廉潔呢？由於監督人員一行有三，他們會互相制衡和監察對方，確保不會一人獨大或為私利而徇私舞弊。

就是因為這種強勢和冷酷的嚴密監督官僚制度，威尼斯才得以牢牢控制那些相距遙遠的外省，與威尼斯融為一體，在文化交流和商業合作上環環相扣。

✧新的競爭者，沒落的威尼斯

洗劫君士坦丁堡為威尼斯帶來了巨大財富和商機，的確讓威尼斯人達至史無前例的高峰，並成功打敗熱那亞人，稱霸地中海。然而，此舉卻同時種下了禍根。拜占庭帝國是歐洲擋著東方穆斯林侵擾的屏障，但是經過第四次十字軍東征後，拜占庭帝國國力被嚴重削弱。此消彼長，影響力銳減的拜占庭帝國提供了機會讓那些地中海東岸民族逐漸擴張和變得強大。十五世紀時，鄂圖曼土耳其人就成為了當時崛起最強大的民族。

一四五三年，土耳其人攻陷君士坦丁堡，拜占庭帝國滅亡。威尼斯人意識到土耳其人下一個目標可就是自己，於是企圖透過外交談判自保。不過，土耳其人的野心不止於此，他們要征服整個歐洲，威尼斯不可能倖免。他們隨即進攻威尼斯，威尼斯人只好奮起抵抗。雖然威尼斯在數場與土耳其人的戰爭中取得勝利，算是保住了自身獨立，但卻無法避免土耳其人的鄂圖曼帝國在地中海的勢力壓過這個「跨海之國」。更雪上加霜的是，隨著十五世紀後新世界的發現，歐洲貿易重心從地中海移到了大西洋。東方貿易路線被鄂圖曼帝國擋住，西方貿易重點移至了大西洋，倚仗商業賴以生存的威尼斯人在貿易上的重要性已經大不如前。

曾經歷生死存亡的威尼斯人只好轉型，從航海貿易逐漸轉為以旅遊業為中心的城市。威尼斯共和國雖然在一七九七年被拿破崙征服而滅亡，但不代表這個城市的生命就這樣終結，十八至十九世紀的威尼斯是當時歐洲上流社會最受歡迎的旅遊熱點之一。不過諷刺的是，昔日威尼斯因為貿易得到的財富變得美侖美奐，如今卻是以其美麗外表換來財富，直至今天。

無可否認的是，世上沒有哪個城市能像「最尊貴的共和國」（La Serenissima）威尼斯，有著如此獨特的歷史軌跡。

獨特貴族民主：波蘭─立陶宛聯邦的緣起與滅亡

如果打開現代的歐洲地圖，波蘭和立陶宛是位於歐洲東部的兩個獨立國家。但你有沒有想過，這兩個國家的前身在十六世紀組成的「波蘭─立陶宛聯邦」（Polish-Lithuanian Commonwealth），卻曾是中歐和東歐最強盛、最遼闊、人口最多的國家。

✧波蘭─立陶宛聯邦的成立

早在十四世紀時，雅蓋洛王朝（Jagiellonowie）的國王，便同時是波蘭王國和立陶宛大公國的統治者。直到西元一五六九年，在雅蓋洛王朝的君主齊格蒙特·奧古斯特（Zygmunt II August）的籌劃下，促成了「盧布林聯合」（The Union of

Lublin），兩國正式共組成聯邦，標誌著「波蘭－立陶宛聯邦」（以下稱波立聯邦）的成立。

✧ 一五八二年的波蘭－立陶宛聯邦

兩國的合併對各自雙方來說都是百利而無一害。對立陶宛來說，與俄羅斯接壤，存在著很大的邊境隱患。俄羅斯的壯大也的確使立陶宛面對的威脅愈來愈大，因此東方防線的強化尤為重要。與波蘭合併後，整體國力得以增強，東方防線也能得到鞏固。後來的歷史事實證明，俄羅斯和瑞典等毗鄰的國家也確實覬覦波立聯邦的土地而發動大型侵略。

另一邊廂，相較立陶宛之下，波蘭則是個面積較小但卻較先進的國家。與立陶宛合組聯邦王國，正好為波蘭解決土地的需求[1]。也就是說，波蘭和立陶宛雙方透徹了解到唇亡齒寒的道理，讓締造「波蘭－立陶宛聯邦」變得順理成章。

波立聯邦成立後，改革也進行得非常熾熱。其中最著名的就是第一支波蘭常備軍的建立。西元一五七九年，波立聯邦成立的十年後，曾派遣這支軍隊支援正被俄羅斯侵擾的利沃尼亞（Livonia）。這支軍隊在與俄羅斯的較勁下戰績輝煌，解除了利沃尼亞的軍事危機。後來在西元一五八二年，聯邦國王斯特凡·巴托里（Stefan Batory）與俄國沙皇伊凡四世（Ivan VI，另被稱呼為恐怖的伊凡〔Иван Грозный/Ivan the Terrible〕）簽訂和約，結束戰爭，利沃尼亞在戰後被併入聯邦。後話了。

順帶一提，波立聯邦控制了原是由條頓騎士團（Teutonic Order）統治的普魯士和庫爾蘭（Courland）等地，這兩個地方相繼成為了其附庸。在那個時代，德意志人被波蘭人統治著，只是當時沒有人會想到，二百年後這情況會風水輪流轉，波蘭反亡於後來崛起的普魯士王國，變成了德意志人統治著波蘭人[2]。不過，這也是後話了。

✧內憂外患不斷的波立聯邦

波立聯邦境內的遊牧群落哥薩克（Cossacks）始終是一大隱患。哥薩克主體是斯拉夫人，以驍勇善戰著稱，而這個群落的結構很有軍事組織的特性。他們很

1 合併後，立陶宛同意將烏克蘭劃入波蘭境內。

2 十八世紀末普魯士王國得到波蘭部分領土，二十世紀時納粹德國與蘇聯瓜分復國後的波蘭。

多是波立聯邦、俄羅斯的僱傭兵，曾經參與過大大小小的戰役，是聯邦東方防線的一支中流砥柱。

然而，他們也是一把雙面利刃。哥薩克只效忠於自己的領袖，不太聽從聯邦的指揮（這有點像西羅馬帝國時期的哥德人）。為了拉攏這些哥薩克，聯邦讓部分哥薩克上層人士成為貴族階層，給予他們在聯邦軍隊的合法服役資格。

不過，這也讓聯邦內部對哥薩克走入統治核心感到不滿並加以排斥，不久便武力鎮壓和經濟剝削哥薩克人。十七世紀時，哥薩克曾發動了數次起義，雖然結果全被聯邦武力鎮壓，但哥薩克問題已成為聯邦內部的一個計時炸彈。

另一方面，波立聯邦所身處的地理位置，註定他們長期要面對著北方瑞典、東方俄羅斯和鄂圖曼帝國的威脅。在十七世紀歐洲發生的三十年戰爭，聯邦便曾與這些國家有過多次的衝突。

例如在一六四八年，聯邦面對著鄂圖曼土耳其人和韃靼人的入侵下，本來作為烏克蘭地區防線的哥薩克卻趁機叛變，委實是屋漏偏逢連夜雨，使聯邦東部受了極嚴重的打擊。後來，俄羅斯人與哥薩克結合，並隨之入侵和占領了聯邦一些重要的戰略城市，如基輔（Kiev）、斯摩棱斯克（Smolensk）、波洛茨克（Polotsk）

和維爾紐斯（Vilnius）等等。

不過，這些還不夠發生於西元一六五五年，瑞典入侵對聯邦造成的打擊。這場戰爭打了五年，波立聯邦全境幾乎都被瑞典軍隊占領。雖然最後他們扭轉乾坤，成功把瑞典軍隊擊退，但卻從此元氣大傷。這段外患頻繁的時期，在波蘭歷史上稱之為「大洪水時代」（Deluge）。

波立聯邦一直奉行親奧地利的外交政策。西元一六八三年，奧地利首都維也納被鄂圖曼帝國的軍隊包圍，軍情嚴峻。眼看維也納快將失守之際，以波蘭軍隊為主力、由聯邦國王約翰三世（John III）為主帥的波奧德聯軍最終成功解除了維也納之圍。

這場戰役的勝利使鄂圖曼帝國不再向西擴張，奧地利也從此聲威大振，為此聯邦可謂功不可沒。然而，萬萬沒有想到的是，一百年後的奧地利竟然恩將仇報，與波立聯邦的強鄰合謀，直接導致了聯邦的滅亡。

✧聯邦的不治之症：貴族民主

大洪水時代過後的波立聯邦再也一蹶不振。因為聯邦的核心政治制度，存在一個決定性的缺陷：貴族民主（Nobility Democracy）。這種「貴族民主」，在歐洲史上只出現在波立聯邦裡。「貴族民主」是聯邦的核心組成部分，同時也是聯邦迅速衰敗的主因。

那麼，什麼是「貴族民主」呢？讓我們先談談它的由來。

西元一五七二年，促成波立聯邦成立的國王齊格蒙特．奧古斯特逝世，雅蓋洛王朝絕嗣。由於統治整個聯邦王國的正朔——雅蓋洛家族不復存在，因此沒有人擁有王位的合法繼承資格。但國不可一日無君，於是貴族便決定以選舉形式推舉出國王。這種國王由貴族選舉產生的政治制度，便是「貴族民主」。其實，這種國王選舉早在中世紀的歐洲便已存在[3]，所以波立聯邦透過選舉選出國王也不是什麼新鮮事。

就是這樣，波立聯邦的國王產生從此由雅蓋洛家族世襲制變成選舉制。貴族手中的選票自然變得舉足輕重，因為志在成為國王的候選人，得設法拉攏這些手中有寶貴選票的貴族。想來最有效最直接的方法，便是承諾賦予貴族許多特權以換取支持。不過諷刺又可笑的是，被選為新一任國王的人在加冕時必須宣誓盡力維護貴族的權利。這代表國王在法理上是為貴族效力，而非貴族為國王效力。

這種畸形的「貴族民主」制度導致了一個很怪異的現象：絕大部分的國家權利，都掌握在只占總人口十%的貴族手中，而餘下的九十%人口，卻只擁有非常有限，甚至毫無任何權利。在聯邦後期的歷史裡，國王甚至要仰人鼻息，國家大權全掌握在勢力龐大的貴族手中。

直到十七世紀後期，這種「貴族民主」的禍害更進一步。那時候，貴族擁有一種名為「自由否決權」（Liberum Veto）的權利。這種權利允許每一位貴族否決任何一項自己不同意的政策！既然每個貴族都擁有這項權利，若政策無法得到全體貴族的同意便會被否決。而由於貴族的勢力太過龐大，聯邦中有力的貴族的政治鬥爭此起彼落，後來更演變成內戰。在這種混亂下，聯邦根本無法有效實行任何政策，嚴重的內耗註定了聯邦走向悲慘的滅亡。

3 西元九一一年，位於中歐的東法蘭克王國最後一位國王孩童路德維希（Ludwig das Kind）逝世，卡洛琳王朝（Carolingian Dynasty）絕嗣。繼位的康拉德一世（Conrad I）是由諸侯們共同推舉出來，開創了國王選舉的先例。東法蘭克王國演變為神聖羅馬帝國，這種國王選舉也被保存下來，直至一八〇六年帝國滅亡為止。

✧波立聯邦在屈辱下滅亡

十八世紀後期，聯邦基本上已經失去國家運作機能。波立聯邦的強鄰普魯士、奧地利和俄羅斯同時察覺到這個走向日落西山的大國，於是便聯合起來，分三個階段以軍事武力強行瓜分了波立聯邦全境。

西元一七九五年，普、奧、俄三國進行最後一次瓜分前，瀕臨亡國的波立聯邦，曾有過一次由愛國人士推動的、迴光反照的改革。強鄰害怕這次改革會使波立聯邦再次成為歐洲強權，因此普、奧、俄三國加快了瓜分的步伐，最終於一七九五年完成瓜分整個聯邦。

可是，波立聯邦的舊有貴族卻不以亡國為恥，因為他們已與普、奧、俄三國取得共識，聯邦滅亡後這些貴族的地位保留不變。他們為私利出賣了自己的國家、自己的人民，波立聯邦就在這種屈辱下覆滅，要過百多年後波蘭和立陶宛才分別先後得以復國，但再也不是當年那個歐洲強國了。

PART

3

從好人到壞人都有，歷史上的人物應有盡有

斯巴達人不只男性強悍，女性也一樣優秀！原來邪教以前就存在了，連沙皇一家都被誘惑？英國王室有位親王，由黑轉紅，從惹人厭變成人人愛？

巾幗不讓鬚眉：與男性一樣強悍的斯巴達女性

在電影《300壯士：斯巴達的逆襲》（300）裡，來者不善的波斯使者質問斯巴達的歌果王后（Gorgo, Queen of Sparta）為何可以在男人面前說話，歌果王后不甘示弱，氣勢凌厲地說了以下這句話：

「因為只有斯巴達女人能生出真正的男人。」（Because only Spartan women give birth to real men.）

這句回覆實在完美地把古代斯巴達女性的地位和價值表露無遺。一般人可能在想，在斯巴達這個如此崇尚戰士的古希臘城邦，應該是個男尊女卑的社會吧？

然而，事實可不是這樣，女性在斯巴達的地位，可是在整個古希臘世界裡中最高的！而有趣的是，這種情況更是因為斯巴達推崇戰士下的直接結果！

有點不解吧？讓我慢慢說。

✧不輸男人的斯巴達女性

在古希臘，女性一生普遍的天職便是生育、養育和教導孩子，在斯巴達也不例外。一個生於斯巴達的女人，最重要的便是結婚和生育，而她的孩子長大後便會成為保家衛國的戰士。因此，國家為了擁有足夠的戰士，生育很順理成章地被認為是女人最重要的職責。不過，在斯巴達，女性職責卻與其他古希臘城邦有許多迥異之處——她們擁有比其他古希臘城邦的女人更多自由同時也更多責任。

對於一個正常人來說，童年很重要，童年生活很大程度上塑造了一個人的性格和價值觀。在其他古希臘城市如雅典等，男孩和女孩是分開接受教育的。男孩從小得到正規教育，女孩則只得到部分教育，她們絕大部分時間被安排在家裡學習如何持家有道，當個稱職的妻子。這種男女不對等的教育基本上便是整個古希臘的普遍做法，唯獨斯巴達卻不是這樣。

在斯巴達，無論是男孩女孩與否都會一起接受教育和訓練。他們誕生後第一個要接受的嚴格考驗就是「物競天擇」，孱弱和殘缺的嬰兒會被丟在荒野裡自生自滅，無分男女。通過這個考驗後，男女在學習上基本上沒有太大分別，皆以戰鬥為基本學習目標。斯巴達人認為，性別不是什麼值得顧慮之事，最重要的是這些新生斯巴達孩子全都是強壯和健康的。正因為這樣，男女在童年時得到平等對待很容易理解。

雖然男與女所接受的教育有著不同的目標，但學習內容大致上仍非常類似。他們皆需要學習音樂，而男性會被教導和訓練成一流戰士，女性則會持續鍛鍊體格。音樂在斯巴達有很重要的宗教意義，還可以讓他們在自我約束和簡樸生活中得到舒緩。

那麼，音樂有什麼宗教意義呢？斯巴達有個非常重要的宗教節日，名叫「競技舞蹈節」（Gymnopaedia）。當天，為數相近的男女會有節奏地熱情起舞，組成合唱團作歌唱和吟詩表演，以敬拜太陽神阿波羅（Apollo），是斯巴達敬拜諸神的一種非常神聖的儀式。女孩在儀式中並非陪襯品，而是能作為主導合唱團的靈魂人物。她們堅負著重要的宗教職務，順利完成後更會得到眾人鼓勵和讚美。

古希臘詩人阿爾克曼（Alcman）就曾這樣形容過帶領合唱團的斯巴達女性：「她們就像牛群中一匹脫穎而出的結實、啼聲響亮的馬，一個懷飛翔夢想的獲獎者。」

✧只有最優秀的女人才能生出最優秀的戰士

不只這樣，女性在斯巴達還經常與男性一起進行體育運動。為了活動方便，她們所穿的衣物布料都很少。這種情況在雅典、科林斯（Corinth）和底比斯等城邦來說是件十分羞恥的事，原因在於他們認為異性在結婚前必須分開生活。然而，斯巴達人卻不太認同這種想法。他們把考慮點放在國家層面而非個人層面，認為每個斯巴達人與生俱來便要作好準備、分工合作地維持國家運作。因此，在這前提下，一個人擁有強健體魄才是最重要的事，性別反而不重要。

女性在斯巴達的生活同樣不枯燥乏味。不像其他城邦的年輕女性長期居家，斯巴達女性能夠享受極大自由，甚至可以與外邦者接觸，發展所謂的「兄弟情誼」，性格爽快。電影中歌果王后站在長老會議中間，說了一番激勵人心的說話，希望長老會議同意派出軍隊支援列奧尼達一世（Leonidas I）。事實上，這種女人站在眾多男人面前公開說話的情況在斯巴達很普遍。除了歌果王后外，不少女性經常出現在許多公開場合裡直言不諱，表現出具智慧而非那些好欺負的柔弱女性。

當然，她們有這種作風絕對因為成長環境影響而成，對斯巴達來說也很理所當然——在一個以戰爭為榮耀的城邦，智勇雙全才是致勝關鍵。女人在斯巴達社會的自主性也十分高。她們能像男人一樣騎馬或駕戰車、在斯巴達活動不受限制。不過，化妝打扮等行為一律被嚴格禁止，因為斯巴達認為女性早就擁有自然美，並不需要這些「賣弄」行為。

女性所以能在斯巴達享有崇高地位，是因為斯巴達人真心相信，只有最優秀的女人，才能誕下最優秀的戰士。

✧ 女性享有土地擁有權

除了自由比人多外，斯巴達女性還享有一種權利是其他古希臘眾城邦女性沒有的——就是她們可以當地主！其實，這也是一件很順理成章的事。試想想，男性成年後便長期待在軍隊裡，到了六十歲才能退役。身處軍隊意味著有一定機率戰死沙場，即便幸運地在戰場上生還，要活到六十歲退役也是件很不容易的事，畢竟在古代活到這個年紀可是極度高壽了，基本上就是告訴你：男人一到成年便準備從軍直到死吧！既然這樣，他們就長期不在家中，擁有的土地由誰來打理呢？誰來幫忙趕羊和種植穀物呢？答案當然就是那些不需要上戰場的親屬了——妻子、女兒、姊姊或妹妹。

而且，男性和女性繼承家族遺產的資格是對等的，土地成為女兒嫁妝是常有的事。亞里斯多德（Aristotle）甚至曾表示過：「斯巴達三分二的土地都在女人手中。」作為一個外來者，他生活在與斯巴達女性地位截然不同的古希臘城邦，他這句「土地都在女人手中」的話是帶有輕蔑斯巴達人的意思。可是，這種輕蔑卻明顯十分主觀，因為斯巴達女性從小得到的學識，根本就能讓她們完全勝任地主的職責！其實，斯巴達女性能得到如此高教育水平、高度自主性和土地擁有權完全是實際考慮。試想想，如果大部分男人都在戰場上死光了，還能靠誰來維持城邦運作和復興呢？

即便如此，如同其他城邦一樣，雖然女性在斯巴達的地位高很多，但社會對她們的栽培並非只是為了找她們管理土地，女性最重要的職責還是跟其他城邦並無二致，就是結婚和生育。

✧晚婚的斯巴達人

婚姻在斯巴達也跟其他古希臘城邦十分不同。一般來說，古希臘女性第一次出現經期後便被認為是適婚年齡，她們還是少女時便會嫁人。不過，斯巴達人想法卻完全不同，既然他們認為只有最優秀的女人才能生出最優秀的士兵，那麼少女時期的女性，在身體、學識和社會經驗上仍處於成長階段，如果那個時候結婚生子，生出的下一代又怎會優秀呢？因此，斯巴達女性比其他希臘女性都要晚婚，不過其實所謂的「晚婚」也只是指晚到二十多歲。

還有一點更有趣的是，即便一對斯巴達男女在二十多歲時共結連理，他們仍然不會在婚後便立即同住，而是等到男方踏入三十之年時。原因是二十多歲的男人有很重的兵役義務，這些處於最強壯時期的男人幾乎都要把所有時間都花在軍隊之中。

因此，沒有丈夫陪伴的這段期間同時是女性持續鍛鍊身體、學習更多知識和累積更多社會經驗的時機，所做一切的最終目的都是為了誕下最強的下一代。羅馬時期的希臘作家普魯塔克（Plutarch）說過：「她們不會被強迫在還未成熟的青春時期結婚生子，而是在她們全盛時期以及作好準備之時。」

當然，誕下的下一代還是男孩比較好，原因很簡單，就是男孩長大後便是直接保家衛國的戰士。不過，如果誕下的是女孩，在斯巴達也非什麼不好或羞恥的事。「只有最優秀的女性才能生出最優秀的戰士。」斯巴達人關注的是女性能愈生得多健康嬰孩愈好。

既然斯巴達崇尚強者，孩子的成長人生也是處於一種「鍛鍊」思維。父親從小便嚴格訓練兒子，母親也不會是個慈母。父母會讓兒子早早感受人生的現實，只有約七年時間可以與兒子共處，之後孩子便會送去接受最嚴酷的斯巴達教育「阿戈革」（Agoge）。如果誕下的是女兒，父母與之共處的時期就會相對較多。女兒會在父母身邊持續學習和鍛鍊，直至她們成熟到已能準備結婚生子。

✧榮耀只有兩種：戰勝或戰死

記得電影中有一幕，斯巴達國王列奧尼達一世帶著三百個戰士出發前，歌果王后跟他說了什麼嗎？她那個時候把盾牌交給丈夫，跟他說：

「帶著你的盾牌回來，或是在盾牌上被抬回來。」（Come back with your shield–or on it.）

據普魯塔克所言，這是所有斯巴達母親跟將要身赴戰場的兒子必說的話。還有一幕就是，列奧尼達一世在溫泉關遭到叛徒向波斯通風報信，軍隊被前後包圍，獲勝機會渺茫。他在發動最後進攻前一晚跟他的戰士說：

「永不撤退，永不投降；這就是斯巴達的法律。」（No retreat, no surrender; that is Spartan law.）

電影的這兩幕告訴了我們斯巴達人對士兵的要求。他們極度鄙視懦夫，當男人身赴戰場後，如果逃跑或戰敗回來，在社會上會被視為一種極度令人失望的懦夫行為。曾出過逃兵的家族往後世世代代都會被人鄙視而無法立足社會。相反，那些在戰場上勇猛殺敵或取得勝利的斯巴達戰士，他們母親則會被高度尊重。曾有記載一位斯巴達母親在得悉自己兒子戰死後，隨即跟身邊人說了以下這段話：

「讓那些可憐的懦夫被哀悼吧。當我親手埋葬你時，我不會掉一滴淚，我的兒子，是的，你同時是斯巴達的兒子！」

電影中也有這麼一幕：三百位斯巴達戰士之一，在戰場上因左眼受傷而被列奧尼達一世下令歸國並傳遞口訊的迪里奧斯（Dilios），回到斯巴達後向長老會議進行演說時，提到列奧尼達一世：

「他並不希望後人用詩歌或紀念碑來記載這場戰爭和他的英勇事蹟。他的願望很簡單，只跟我說：『記住我們。』」（For he did not wish tribute or song, nor monuments, nor poems of war and valor. His wish was simple. “Remember us”, he said to me.）

可能大家會想，列奧尼達一世和三百個戰士面對數量懸殊的波斯敵軍，最終在戰場上戰死，「記住我們」是很理所當然的事呀！但其實在古代斯巴達可不是這麼簡單呢。要人記得你的名字，也就代表能在墓碑上刻上亡者名字，只有這兩個情況——要麼在戰場上戰死，要麼在嬰孩時期的「物競天擇」中死去。斯巴達人認為這兩種死法在本質上是相同的，都是為國捐軀之舉。

✧ 男女平等不是你想的那回事

說了這麼多，斯巴達社會似乎十分重視男女平等，女性享有的自由和權利比其他城邦多很多。不過要留意的是，我們不應就這樣以為古代斯巴達會發展出現代男女平等的普世價值觀。因為斯巴達絕不是一個在人文思想上比其他古希臘城邦進步前衛的地方，他們也未曾出現過一位女王。「女性主義」在古代斯巴達並不存在，也沒有「人人生而平等」的思想而覺得男性和女性必須享有同等權利和義務，不然他們怎麼會剝削稱為「黑勞士」（Helots）的奴隸人口呢？

最後要提及的是，我們今天對古代斯巴達社會生活模式的理解和認識，絕大部分都不是來自斯巴達留下來的紀載。即便當時斯巴達人不論男女都懂得讀寫講，但因為他們根本不重視任何文字紀錄或歷史傳遞，因此我們只能依靠其他非斯巴達的古人（尤以雅典人最多）以外邦人身份留下的紀錄去窺探這個神祕城邦的歷史和文化。然而，由於雅典和斯巴達長期處於敵對狀態，雅典人對斯巴達的描述難免會滲入一種鄙視和輕蔑的態度。歷史學家謹慎撥開這些嘲弄的迷霧，才能看到較為真實的斯巴達。

✧斯巴達：為何與眾不同？

斯巴達在很多地方上跟其他古希臘城邦有著顯著的不同，大家可能心裡會有這樣的疑問：是什麼讓斯巴達在古希臘世界中如此與眾不同？當其他希臘女性大多留在家裡時，為什麼斯巴達反而鼓勵女性外出，還能與男性進行不少體育運動？為何斯巴達女性享有的自由和權利會比其他城邦都要多？

當然，我們只能透過猜想和分析去嘗試解答這個問題。斯巴達這個有高度服從性、紀律性和集體意識的社會，傳說是由西元前七世紀時的立法者來古格士（Lycurgus）進行一連串改革後塑造而成的，他當時可能早就考慮到女性在斯巴達的重要性。而且，如果看一下希臘地理，可以看到的是影響力比較大的城邦——雅典位於阿提卡（Attica）沿海地區。也就是說，雅典與其他城邦甚至希臘世界之外的往來都十分頻繁。城邦之間交流極多，相互影響也就自然很多，導致整個希臘世界在很多方面都有相似之處。

反之，斯巴達位於伯羅奔尼撒半島（Peloponnese）南部，被高山包圍而與世隔絕，意味著斯巴達人在各方面都必須自給自足，男性人口亦不足以完全保護到國家。於是，每個人都需有集體意識，做好屬於自己的本分去維持國家高效運作，並藉此向外渲染一種「斯巴達讓人畏懼」的觀念，而女性是達成國家層面目標不可缺少的一環。難怪歷史上曾經有人問過歌果王后，為什麼只有斯巴達女性可以在某些方面號令男性，而她的回覆既有力又簡約：

「因為只有我們斯巴達女人才是男人的母親。」

創造俄羅斯雛形：俄羅斯的獨裁者「恐怖的伊凡」

✧ 恐怖的伊凡

在俄羅斯歷史上，伊凡四世可謂不得不認識。談起伊凡四世，我們都會想起他的稱號——「伊凡雷帝」或「恐怖的伊凡」，想起他的無情和殘暴。其實，這是個有點不正確的翻譯，在俄語裡，把伊凡四世的稱號譯成「令人敬畏的伊凡」（Ivan the Fearsome）可能會較適合。

✧ 中央集權

伊凡四世是伊凡三世的孫子，出生於一五三〇年，父親去世後以三歲之齡繼承了莫斯科大公位。由於年少，在他繼位後，被稱為「波雅爾」（Boyar）的貴族以其名義統治達十四年之久。這些貴族攬權後對這位王公不屑理會，伊凡四世在童年時便飽受冷落和侮辱，逐漸形成了他那份內向、陰沉，同時又充滿怨怒和猜疑的性格。

一五四七年，伊凡四世長大成年，正式執政。同年，他覺得這個國家仍稱為「公國」實在沒什麼霸氣，於是他正式自稱為「沙皇」，國家也改稱俄羅斯沙皇國（Tsardom of Russia，沙俄）。「沙皇」這個詞語來自羅馬帝國皇帝的稱號「凱撒」（Caesar），意味著沙俄自許為羅馬帝國的繼承者[1]。

抑壓在內心十四年的怨氣，使他果斷地反擊了國內的對手。他廢除了公國內的所有大領地，把土地盡歸沙皇旗下，這代表國內的貴族們的權力基礎從此被瓦解了。土地擁有權變成為國服務而得到的獎勵，此舉令整個俄羅斯上下都為沙皇服務，沙皇成了絕對無上的權威。在伊凡四世的統治下，封建領主制的莫斯科大公國變成了中央專制集權的俄羅斯沙皇國，結束了俄羅斯土地上的四分五裂。

✧殘暴統治

伊凡四世的童年使他變得疑心極重，兼不信任身邊所有人。有一次，他曾在盛怒之下殺死了自己的兒子——未來的沙皇繼承人。除此之外，為了確保國家內沒有反對聲音，他成立了「特轄軍」（Oprichnik），為俄羅斯史上第一支秘密警察。這支秘密警察聽令於伊凡四世，代他執行一切撲滅反對者、異議者的任務，同時鼓勵告密。

這也許是他被稱為「恐怖的伊凡」的由來，因為「特轄軍」正是如斯恐怖。一次，他們受伊凡之命，在諾夫哥羅德（Novgorod）進行了大屠殺，僅是因為伊凡四世懷疑當地居民勾結敵國波蘭—立陶宛聯邦。後來，伊凡更成立了「國中之國」——「特轄區」（Oprichnina），以恐怖和威懾手段使所有反對他的對手心生畏懼。

1 拜占庭帝國在一四五三年滅亡後，伊凡三世娶了逃亡的拜占庭公主，並把東正教會遷至莫斯科，宣布俄羅斯為羅馬帝國的繼承者，莫斯科為「第三羅馬」。

✧伊凡四世與伊莉莎白一世

當時沙俄被眾多強大的敵人包圍：北方的瑞典帝國、西方的波蘭─立陶宛聯邦、南方的鄂圖曼帝國。這促使俄羅斯人民心裡期待一位鐵腕統治者帶領國家走向強大，以對抗外敵，伊凡四世的鐵腕統治於是變得順理成章。十六世紀中葉，沙俄的盟友僅有英國。伊凡四世曾去信給英女王伊莉莎白一世，內容充滿感情和誠意，更為英國修建了在俄羅斯的豪華代表處。

有趣的是，英國與沙俄是兩個極端，一個是剛通過《大憲章》（*The Great Charter*）限制君主權力的英國，一個是剛走進君主專制獨裁的俄羅斯。在伊凡四世晚年，他曾向英國的「童貞女王」伊莉莎白一世求愛，伊莉莎白一世卻對他不瞅不睬，可能是因為在政治上的迥異。他被拒絕後，曾經也以非常無禮的外交語言咒罵英女王。

✧莫基俄羅斯帝國

伊凡四世在位期間塑造了俄羅斯日後的特質。他征服了韃靼人建立的喀山汗國，為俄羅斯在日後三個世紀迅速的領土擴張奠下了基礎。伊凡四世去世前，曾經掌控地方權力的波雅爾貴族影響力基本上已被瓦解，沙俄剩下的只有沙皇和平民階級。

在他統治下，沙俄一切都在沙皇的控制之下，法律起不了作用。俄羅斯人民沒有基本的權利，教會也只能眼睜睜看著資產被沙皇沒收。雖然如此，伊凡四世仍然是俄羅斯史上非常重要的統治者，因為他的一連串對國家的改造，俄羅斯才能在日後發展為帝國時躋身於歐洲列強之林中。然而，他這種統治模式與西方發展大相徑庭，漸漸使俄羅斯走向與西方國家不一樣的發展道路。

史上最惡名昭彰的「妖僧」：俄羅斯拉斯普丁

✧惡魔的化身

在歷史上，有過這麼一個人：他衣著寒酸潦倒，留著鬆散的長髮和鬍子，牙齒不整，而且懂得巫術，雙眼擁有蠱惑人心的能力。皇帝皇后對他深信不疑，許多上流社會人士被他深深吸引著，更有貴族女子向他獻身。就算後來被刺殺，多種殺人方式也不能將之殺害，要殺幾次他才真正死去。這個人的名字，總與「淫亂」畫上等號，指他是個性變態、強姦犯，完全是邪惡的化身。他把俄羅斯宮廷玩弄於股掌之中，利用耳語控制了皇后。這個猶如惡魔般的男子是誰？他就是出現於俄羅斯帝國晚年的妖僧——拉斯普丁（Rasputin）。

對於俄羅斯人來說，拉斯普丁是個非常戲劇性的人物。在眾多改編傳奇人生的文學或影視作品中，他是個徹頭徹尾的大壞蛋，許多時候都給妖魔化。文首對於拉斯普丁的個人描述，便是一般人對他的認識。事實上，上述一切對他的指控，卻是有誇張成分的。而真實的拉斯普丁，早已被這些文學或影視作品所製造的形象掩蓋得七七八八。

究竟拉斯普丁如何成為俄羅斯人眼中最討厭的奸臣？他是否真的利用巫術，讓整個俄羅斯帝國都臣服於他？還是，歷史把俄羅斯帝國的覆滅，全都怪罪在這個其實心存好意的人身上？

✧一個感到空虛的男人

「拉斯普丁」雖然與「淫亂」畫上等號，但其實他的名字在俄羅斯原文真正的意思是指「兩條河流會合的地方」，指的正正就是拉斯普丁出生的地方。一八六九年，拉斯普丁出生於俄羅斯西部一個人煙稀少、稱為波克羅夫斯科（Pokrovskoye）的村莊。俄羅斯人也許沒想到，在這個極其偏遠、與世隔絕孤立的小村落裡，竟會誕生一個後來人所共知、畏懼和厭惡的大人物。

拉斯普丁全名格里高利・拉斯普丁（Grigori Rasputin）。他出身於一個農民家庭，在家中九個兄弟裡排行第五。由於村落貧窮，他沒有機會上學，只能過著放蕩、酗酒的生活。拉斯普丁在自己家鄉是個不太受歡迎的人物，在村裡總是被當成外人。其實，他自己亦覺得農民生活空虛無聊，於是開始藉著偷竊得到的快感填補自己空洞的心靈。

一般淪落去當罪犯多是基於貪念。但是，拉斯普丁當小偷卻是因為他覺得自己靈魂似乎缺少了些什麼。二十多歲的拉斯普丁已經成家立室，但建立家庭卻無法使他感到人生美滿。最後，他發覺到，原來只有投入宗教事務，才能使這種空虛感一掃而空。他來到了一所位於維爾霍圖里耶（Verkhoturye）的東正教修道院，在那裡遇上了改變他一生的人——馬凱里長老（Starets Makary）。馬凱里長老把這個反叛青年改變成一個完全戒除了酒精、吸菸和吃肉的虔誠東正教徒。當拉斯普丁回到家鄉時，這個昔日的小偷已搖身一變成為一個只醉心宗教事務的人。

✧流浪人生

雖然拉斯普丁很尊敬馬凱里長老，但在修道院學習的同時，他卻發現了很多腐敗的事情。他看到修道院存在著一種當時普遍認定的「惡習」——同性戀，而且不時發生暴力事件，這些在東正教教義中都是不被允許的。拉斯普丁認為這種修道院生活與他的理念並不完全符合，認為只有在廣闊的大地上流浪才能讓他更接近上帝和救贖。

也許對他來說，這個決定正常不過。既然他絕不是一個肯盲目順從或循規蹈矩的人，試問他又如何能安身於一座由冰冷大石堆砌而成的小小修道院呢？唯有自由廣闊的大地，才是他這個人應該置身的地方。

拉斯普丁只帶了些微財物，告別家人後便出發了。在這段期間，並沒有人知道他去過哪裡，或做過什麼，只知他曾遠道至阿索斯山（Mount Athos）——東正教會的中心。他甚少回到家鄉，有時候回到家時，妻子和兒子甚至無法認出這個男人就是自己的丈夫和爸爸。

在這段流浪日子裡，拉斯普丁似乎領悟到了什麼，強化了自己那種不隨波逐流的做法，開始做任何事都只按照自己的想法。他不再穿著俄羅斯傳統服飾，在一整年裡，由始至終都只穿著一件白色的襯衫。農村出生的他，想法竟然異常體貼、獨立而且開明。在這段時間裡，拉斯普丁遇過俄羅斯不同階層的人，了解到整個俄羅斯社會的秩序及其崩壞的潛在性。因為這種人生歷練，拉斯普丁開始鍛鍊出卓越的洞察能力，而且比任何人都能看懂人性。

✧前往聖彼得堡

在曾與拉斯普丁接觸的人所寫的回憶錄中，他們都無獨有偶地認為拉斯普丁有著一種特殊的吸引力。這種吸引力就像是塊強力磁石，吸引著無數人主動前往拜會他。他很擅長了解別人的想法，也很懂得與人溝通，知道對著不同的人應該說些什麼話。當別的僧侶與信徒溝通而只懂得引經據典時，拉斯普丁卻懂得運用流浪時所獲得的體會，依據現實中的人和事與人交往。這使不同階層的人皆很容易理解和明白他的想法，甚至有著感同身受的感覺。

愈來愈多人因拉斯普丁的名聲而前往拜訪他。他們會在拉斯普丁設立的一所神祕禮拜堂舉行定期的聚會和祈禱，互相交流和慰問。不過，人出名了自然會惹來非議，社會上開始出現一些對拉斯普丁的負面評論。有流言說他經常與不同的年輕女子一起，也有說他要信徒替自己洗澡，還教他們進行一些古怪的儀式。

波克羅夫斯科大牧師想利用這些流言趕走拉斯普丁，因為他無法容忍一個出身寒微的人竟然會比他和他的教導得到更多人的支持。於是，拉斯普丁的所有聚會開始被打壓和禁止，不過這樣的打壓只是為拉斯普丁打開了通往權力核心和擴大影響力的大門而已。

受到打壓的拉斯普丁宣布前往聖彼得堡。當時其中一位信徒便曾跟他說過：「聖彼得堡是個會吃人的城市，它會摧毀你。」一向只遵循自己意願的拉斯普丁當然沒有理會這些忠告，他認為自己有了新的人生目標。

拉斯普丁的流浪生涯讓他懂得如何在陌生環境下生存，累積的名聲確為他帶來方便。他在聖彼得堡成功得到了一封推薦信，與聖彼得堡神學院的謝爾蓋主教（Bishop Sergei）會面，使他的名字迅速在上流精英界流傳開去。這些每天過著沉悶的名流社會生活的名門望族都為拉斯普丁的口才著迷，他們對拉斯普丁異於常人的打扮和見面親吻的方式感到好奇和有趣。「拉斯普丁」已經成為他們茶餘飯後的話題。

✧進入權力核心

這些名門望族陸續介紹拉斯普丁給身邊朋友，而這個人的名字在俄羅斯帝國開始變得無人不曉。後來，拉斯普丁輾轉認識了蒙特內哥羅的公主姊妹瑪莉卡（Milica）和安娜塔西亞（Anastasia），權力大門終於出現在他面前。這對姊妹向沙皇尼古拉二世（Nicholas II, Tsar of Russia）和皇后阿歷山卓拉（Tsarina Alexandra）正式引薦了拉斯普丁。

對於拉斯普丁來說，這實在是認識沙皇夫婦的最佳時候。當時俄羅斯帝國陷入了史無前例的危機：剛在與日本的戰爭中戰敗，使俄羅斯在國際舞台上蒙羞；另外，他們還要應付剛發生的「血色星期日」帶來的政治危機。「血色星期日」當天本來是和平示威，但警察卻在當天開槍射殺了無數示威者。雖然尼古拉二世並沒有下令開槍，但他仍迅速成為社會主要指責的對象，民望急跌。在這件事件發生前，他還被人稱為「人民的父親」呢。

這多重事件的發生，確實動搖了俄羅斯沙皇政府的統治。尤其是阿歷山卓拉皇后，更為此而感到非常憂慮。拉斯普丁靜心地聽著她訴苦，請她要相信自己，並給了她建議：「尼古拉二世應該要更親民」。皇后聽了拉斯普丁的說話後，覺得心情舒緩了不少，自此對他無比信任，認為他是上帝派來俄羅斯拯救羅曼諾夫王朝（House of Romanov）的使者。

事實上，還有一件事使拉斯普丁得到皇室的信賴。太子阿列克謝王子（Prince Alexei）有一種遺傳疾病，屢醫不好，王子叔叔和兄弟都先後因此病逝世。阿列克謝王子作為羅曼諾夫王朝最後的血脈，猶如俄羅斯的將來，他能否康復正代表了帝國是否仍能中興，因此不能有任何閃失。皇后為此憂心不已，她已經無計可施，於是找來拉斯普丁。

拉斯普丁來到了太子的臥床前，與他輕鬆聊天，讓王子的心平靜下來。奇蹟竟然出現了，太子身體竟然就這樣慢慢地好起來！後來又有一次，太子得了急病，皇后匆匆發電報向拉斯普丁求助。拉斯普丁只跟皇后說要讓太子靜心休養，叮囑她不要讓包括醫生在內的人煩擾太子。未幾，太子又真的病好了。對於皇后來說，拉斯普丁完全是個救星！

拉斯普丁不僅成為了沙皇夫婦的好朋友，有時還成為了他們的政治顧問。他曾警告尼古拉二世，不應走進第一次世界大戰這渾水。他認為俄羅斯的內憂已經很嚴重了，不能再因為戰爭開支而加重國家負擔，建議他與德國議和。可惜，歷史告訴我們，尼古拉二世並沒有聽從他的勸告，這將讓他跟國家走入萬劫不復的地步。

✧ 被妖魔化的拉斯普丁

拉斯普丁雖然已經貴為皇室貴賓，但不代表他會拒絕其他人上門拜訪或求助。這些來找他的人中有農民也有貴族，後者很多是想利用他的名聲在各方面取得優勢。不久後，跟在波克羅夫斯科的情況相似，他漸漸招來不少流言蜚語。拉斯普丁被指用不正當的手段迷惑女性，而且更被指濫用權力舉辦一些涉及性愛的儀式。甚至有流言提及，當沙皇不在時，拉斯普丁會跟皇后和公主們鬼混。這些指控真實虛構與否我們今天仍無法引證，但空穴來風未必無因，他的確跟很多女性有過非常親密的行為。一名曾經見過拉斯普丁的人曾表示：「你不可以直視他的雙眼太久！他的雙眼會帶給你無形的壓力。他的雙眼有時看似很仁慈，但眼裡埋藏著深不可測的憤怒。」

流言四起，一些昔日讚頌拉斯普丁的人後來卻參與反對他的運動。有些人更向沙皇夫婦直接告狀，說拉斯普丁在俄羅斯的影響力實在太大了，會動搖帝國根基，要尼古拉二世把拉斯普丁放逐到托博爾斯克（Tobolsk）。不過沙皇一概不從，只說了句話：「我太了解拉斯普丁了，他不會做出如此丟臉的事。」

另一方面，拉斯普丁被指控是東正教支派克里斯提教派（Khlysty）的活躍分子。這個教派名聲不好，被東正教會認定是異端。拉斯普丁是個善舞之人，恰巧克里斯提教派信徒舉行的儀式都有跳舞成分，拉斯普丁便指控與異端有關。東正教會對此非常重視，認為拉斯普丁一直在做不道德的勾當。

群情洶湧，尼古拉二世只好下令徹查拉斯普丁。兩個月過去，卻是什麼也查不出來，調查也就這樣結束。這次調查後，拉斯普丁的地位非但沒被動搖，而且更加穩固。那些曾經質疑他的官員不再被沙皇重用，有些甚至被無故革職。相反，拉斯普丁支持者卻升官發財，整個俄羅斯政壇和宮廷都深受拉斯普丁的影響。

這可是一件嚴重事情。尼古拉二世力排眾議，信任一個在朝野中臭名遠播的人，實在不是一件明智之事。特別是當時，尼古拉二世的名聲和權威早已一落千丈，倚重拉斯普丁這樣的人最後只會讓國家走向湮滅的結局。

✧拉斯普丁從高處殞落

尼古拉二世後來因為第一次世界大戰的關係，經常不在首都。他不在首都時，治國重任便交給了皇后阿歷山卓拉。這代表了什麼？皇后對拉斯普丁千般信任，國家事無大小便全交給他了，俄羅斯的命運，自此全掌握在拉斯普丁手中。

拉斯普丁曾於一九一四年遇到了一次刺殺事件大難不死，對他身心造成了很大影響。有人說他從此變得猜疑，不再輕易相信身邊的人，但沒證據顯示他變得殘忍和暴戾。他仍然一如既往，是個獨立、時時刻刻都在貫徹自己信念的人。

不過，拉斯普丁豎立了很多危險的敵人——因為他影響了皇親國戚的權力和利益。這些皇親國戚忍受不了一個出身低賤的人如今卻成了帝國權力中樞。他們決意要除掉他，一勞永逸。在這些想除掉拉斯普丁的人當中，有沙皇侄子和議會議員。

拉斯普丁被陰謀者騙去一個假裝跟沙皇外甥見面的會議。一九一六年十二月十七日當晚，拉斯普丁進入了尤蘇波夫宮（Yusupov Palace）後便再沒人見過他。

翌日清晨，有人開始意識到他的失蹤，隨即展開搜索。最後，他那結冰了的屍體被發現倒在馬來亞內夫卡河（Malaya Nevka River）的河床裡，身上有多處損傷。

原來，他的晚餐被人下毒，毒素的分量雖然足夠殺死幾個男人，但拉斯普丁卻僥倖沒有死去。當他想逃走時，卻被人從後用槍射穿膊頭，但仍未能將他置於死地。拉斯普丁中槍後，竭力地企圖從庭院逃命時，被抓住痛毆一頓。為了確保能完全殺死他，這些陰謀者往他的額頭開了一槍，但拉斯普丁卻仍舊沒死掉。最後，陰謀者只好把垂死的他丟在已結冰的馬來亞內夫卡河裡。當拉斯普丁屍體被發現時，他的雙手往外拗，似乎要做出一個十字架的姿勢。

✧ 預言

這些陰謀者刺殺拉斯普丁的目的，是要挽救江河日下的俄羅斯帝國。他們把帝國亂象歸咎在拉斯普丁的「亂政」。不過，俄羅斯帝國其實氣數已盡，怎樣也無力回天。拉斯普丁的死並不能讓俄羅斯帝國重回正軌，他死後十個月，羅曼諾夫王朝便被暴力推翻。俄羅斯結束了君主專制，走向一個新的時代。

其實，就在一九一六年十二月，拉斯普丁便曾寫信給尼古拉二世：「如果我被你的親戚殺掉，你的兒子也沒可能活多過兩年。」拉斯普丁被稱為「妖僧」（Mad Monk），人們認為他是個只懂旁門左道、蠱惑人心的江湖術士。他們對拉斯普丁的觀感也許沒錯，但拉斯普丁的出現並非俄羅斯帝國覆滅的原因，反而是帝國覆滅前夕的結果。因為精英階層的墮落、統治政策的失敗和國際情勢的誤判，才會給予拉斯普丁這類人上位的機會。

拉斯普丁的預言果然成真了。包括尼古拉二世在內，整個羅曼諾夫王室在兩年內給槍殺處決。其實，將帝國覆滅的罪名歸咎在一個「妖僧」是件主觀感情的事，但事實上一個弱勢的領導者才需要負上主要責任。

也許，拉斯普丁是對的，他的死不代表帝國迷霧給掃除，反而是俄羅斯步入黑暗的開始。

性格陰沉又厭世的征服者：拜占庭帝國皇帝巴西爾二世

✧巴西爾二世

研讀拜占庭帝國歷史時，總有些皇帝特別有名，其名字必會出現在相關書籍裡。這篇文章將要介紹的便是其中之一，他是拜占庭帝國馬其頓王朝（Macedonian Dynasty）時期的巴西爾二世（Basil II, Emperor of Byzantine Empire）。

馬其頓王朝是拜占庭帝國歷史上最鼎盛時期之一，大體歸功巴西爾二世。巴西爾二世一生，只專注在唯一目標，把他的帝國改造成世上史無前例的超級強權。為達至這個目標，他展現出一種厭世態度——對文化藝術毫不在意，對知識分子不屑一顧，對婚姻沒半點興趣，也全無想過要傳宗接代。帝國臣民覺得，他們這位君王演講全無魅力，經常帶著陰沉感覺。如果你遇到這麼一個人，你絕不會對他產生好感，甚至可能覺得要對此人敬而遠之。

他確實成為拜占庭帝國歷史上其中一位最著名的皇帝。然而，巴西爾二世統治之路並不平坦，在他成就霸業之前，必須先克服許多難題和困境，才得以把帝國推上顛峰。

就讓我們把他的事蹟娓娓道來。

✧充滿鬥爭的帝國宮廷

從出身來看，巴西爾二世好像天生便註定掌控帝國。九五八年，他出生於最尊貴的紫色大理石房間，是當時拜占庭帝國皇帝羅曼努斯二世（Romanos II, Emperor of Byzantine Empire）和皇后狄奧法諾（Theophano）的長子。不過，在帝國宮廷裡，皇帝雖然尊貴，卻並非呼風喚雨之人。相反，皇帝經常身陷政治大旋渦中，與勢力龐大的軍事貴族無聲角力，時刻必須加以防範，生命日夜受到威脅。羅曼努斯二世意識到這點，他不知道自己會否突然被人暗算身亡。因此，他任命兩個兒子——才剛五歲的巴西爾和三歲的君士坦丁（Constantine）為共治皇帝，為他們確立未來繼承人地位，防止其他人藉詞覬覦皇位。然而，這兩個小孩童根本無法履行作為共治皇帝的職責。

事實證明，羅曼努斯二世的擔憂是正確。三年後，他溘然而逝，死時才二十四歲。一般認為，他是被妻子毒殺的，不過直至今天仍沒有確實證據支持這個說法。就這樣，他遺下了年幼的兩個兒子。

⚜

五歲的巴西爾根本沒有能力統治帝國，母親狄奧法諾也不被允許單獨攝政。狄奧法諾唯有改嫁軍事貴族尼基弗魯斯・福卡斯（Nikephoros Phokas），讓他成為皇帝，稱尼基弗魯斯二世（Nikephoros II, Emperor of Byzantine Empire）。然而，狄奧法諾與他相處並不融洽，甚至討厭這個次任丈夫。就在不久後，尼基弗魯斯突然暴斃，這應該又是狄奧法諾幹的。尼基弗魯斯死後，他的外甥約翰・齊米斯基斯（John Tzimiskes）繼任為皇帝，稱約翰一世（John I, Emperor of Byzantine Empire）。約翰所以能登上皇位，是因為他與狄奧法諾有染，與她合謀把尼基弗魯斯殺死。

約翰一世成為皇帝後，知道狄奧法諾是有刺玫瑰，她為求目的不擇手段，最終也可能謀害到自己，必須與之保持距離。於是，他迅速把狄奧法諾流放。可是，約翰一世也不得善終，他死於宮廷陰謀，被毒殺身亡。約翰一世死後，巴西爾二世終於到了能坐在皇座的年齡，成為名義上的皇帝。

年少的巴西爾二世不懂得如何治理國家，只好依賴他的攝政王叔叔「管家」巴西爾（Basil the Chamberlain）。由於這位叔叔也叫巴西爾，為了避免混淆，本文就稱他為「老巴西爾」。老巴西爾雖是個宦官，但卻十分可靠，他為巴西爾二世清除了兩個挑戰他地位正當性的地主家族。

不過，權力往往使人腐化。老巴西爾當了攝政王後，嘗到權力的滋味，逐漸有了野心。他開始把自己當成皇帝，經常無視巴西爾二世而私自頒令，甚至穿著只有皇帝可以穿的長帝袍。巴西爾二世看在眼裡，他自知暫時無能力取回權力，只好耐心等候、細心觀察，學習拉攏軍隊並靜待時機。

十八歲那年，根據帝國傳統，巴西爾二世終於可以正式登基親政。就在此時，老巴西爾散播謠言，說這位年輕皇帝與穆斯林勾結，同時發動政變，企圖擁立一個強大軍事貴族——巴爾達斯·福卡斯（Bardas Phokas）為皇帝。不過，巴西爾二世早就預料到有此日來臨，他比老巴西爾作出更快行動。在軍隊支持下，他選擇更早日子登基，隨即派出軍隊逮捕老巴西爾，宣布他犯了叛國罪。老巴西爾被放逐，土地和財產全被充公。

巴西爾二世從小見識不少貪婪之人，想從他手中奪走皇位。現在，他終於牢牢抓緊權力，不會再輕易分給別人。

✧誰是宿敵？保加利亞人

傳統拜占庭帝國皇帝給人的感覺，是奢華、旺盛和富有魅力，巴西爾二世卻全無這些特質。他身材矮小，臉孔兩邊留著長長鬍子，擁有一雙藍眼睛，服飾方面完全不講究。受到童年經歷影響，他個性難以親近，對人也不帶信任，以陰沉著稱，穿著的紫袍顏色比一般更加暗。雖然如此，他卻極度虔誠，甚至會帶著一尊聖母瑪利亞雕像遠赴戰場。

由此可見，與其說他是個皇帝，倒不如說他還更像個修行中的簡樸苦僧。巴西爾二世不在乎身邊人看法，或其他人對他的評價，他只有一個目標——就是鞏固權力，成就帝國霸業。為此，他急不及待便想做些事情來達成目標。

前文提過，皇帝不能呼風喚雨，在宮廷裡有大量有野心、貪婪的軍事貴族時刻在虎視眈眈。年輕的皇帝要在宮廷裡站穩住腳，最直接的方法便是建功立威，讓所有人心悅誠服。因此，巴西爾二世一下子訂立了極高目標——他把目光放在帝國長年最大外患——保加利亞人（Bulgars，或稱保加爾人）身上。

一百年前，保加利亞人首領克魯姆汗（Khan Krum）統一保加利亞人各部落，成功把勢力大幅擴張。他組建了一支強大軍隊，先後打敗了三位拜占庭帝國皇帝。有說他為了慶祝自己功業，曾把其中一位拜占庭帝國皇帝——尼基弗魯斯一世（Nikephoros I, Emperor of Byzantine Empire）的頭骨製成酒杯。自那時起，保加利亞人在巴爾幹半島的勢力和影響力如日方中。巴西爾二世在位時，保加利亞人現任首領是薩繆爾汗（Khan Samuel）。保加利亞人是拜占庭帝國最頭痛的外患，經常進入帝國領土進行燒殺搶掠。巴西爾二世認為，只要他成功打敗這個強敵，那麼便能建立極高威望，皇位也就穩如泰山了。

年輕的君主急不及待想證明自己和收復帝國故土，他就這樣率領了一支軍隊入侵保加利亞帝國（Bulgarian Empire）。不知是否因為出征時氣勢磅礴，保加利亞人一時招架不住，初仗就敗給了拜占庭帝國軍隊，後撤到索迪卡（Serdica，即今保加利亞首都索菲亞〔Sofia〕）。巴西爾二世乘勝追擊，包圍索迪卡展開圍城戰，勢要攻破這座城池。勝利似乎近在眼前，但這位年輕君王始終缺乏戰場經驗，不知道圍城戰是一種極度消耗士氣和資源的策略。二十天過去，戰況卻始終膠著，索迪卡仍然牢不可破。隨著時間過去，巴西爾二世的軍隊開始出現缺糧情況。保加利亞人退入索迪卡前，燒毀四周農田，使拜占庭帝國軍隊無法在附近補給糧食。就在他們筋疲力竭之際，保加利亞人卻突然從城中向他們展開投石攻擊，一時反應不及的拜占庭帝國軍隊死傷慘重，大部分攻城武器也給破壞了。

巴西爾二世知道此戰大勢已去，沒有繼續逞強，他立即解除圍城命令，帶著又累又餓的殘餘部隊撤退。然而，薩繆爾汗卻早料到此。他在狹窄的圖拉真隘口（Gates of Trajan）靜候，大舉伏擊正在撤退的拜占庭帝國軍隊。巴西爾二世的軍隊慌忙四散，帝國玉璽被奪，皇帝本人也受了傷。因為這場戰爭，他失去了大量將士，只靠一支亞美尼亞（Armenia）精兵護送他回去。

對於巴西爾二世來說，這是一場當頭棒喝的慘敗，是巨大的屈辱。除了無法證明自己、收復帝國故土外，現在他更陷入了統治危機。那些覬覦他皇位的人，正在盤算利用他這次失敗而蠢蠢欲動了。

✧首要任務，就是整治反抗貴族

九八七年，巴西爾二世回到君士坦丁堡，狼狽的他沒有足夠保護自己的軍事力量。早前被老巴西爾企圖扶植為皇帝的巴爾達斯·福卡斯，認為這是一個絕好機會，遂捲土重來，自行宣布自己是帝國皇帝。巴西爾二世明白到，沒有足夠實力，他是無法打敗這個篡位者。於是，他將自己妹妹許配給基輔羅斯大公弗拉基米爾一世（Vladimir, Grand Prince of Kiev）。作為交換條件，弗拉基米爾一世承諾向巴西爾二世提供六千名驍勇善戰的維京戰士。

有了這支戰鬥力強勁的維京部隊，巴西爾二世再一次成功鎮壓了巴爾達斯的叛亂。為了震懾其他欲反叛的軍事貴族，他以不同方式殺死了叛軍三名指揮官，分別是吊死、釘死和刺死。

巴西爾二世老早就不滿這些不安於本分的貴族，如今對他們更是厭惡至極。現在，他首要任務不再是收復故土，而是肅清那些貴族勢力。他向那些曾經反抗他的貴族徵收重稅，強迫他們替窮人交稅，此舉不僅能有效削弱他們的財政實力，還可以贏取民心。另一道聰明策略是他允許貴族以交稅代替提供軍事義務，能減少地方貴族的軍事人口資源，同時又能利用多收的稅金訓練一支只忠於自己的軍隊。

嘗過慘痛教訓後，巴西爾二世學得很快。他在敘利亞與阿拉伯人的戰爭中獲得巨大勝利，粉碎了法蒂瑪人（Fatimids）的野心。為了讓軍隊迅速突擊阿拉伯人，他向每位將士分配兩隻騾子，一隻用來騎，另一隻用來運載物資，閃電行軍使他成功在敘利亞取得決定性勝利。每次能從戰敗中學習，這位皇帝漸漸展現了他的軍事天份。現在他帶領的軍隊擁有極佳戰略視野、軍紀嚴明，實力所向披靡。最重要是，巴西爾二世不會打沒有把握的仗。

✧ 捲土重來！與保加利亞人再戰

巴西爾二世心中仍有一根刺，他從沒忘記那次慘敗，從沒忘記他的宿敵——薩繆爾汗和保加利亞人。

自從上次擊敗拜占庭帝國軍隊後，薩繆爾汗更加肆無忌憚，更頻密襲擊拜占庭帝國城鎮，更曾深入至希臘中部。他積極向外擴張，把勢力範圍從亞德里亞海一直延伸到黑海。

巴西爾二世知道，要解決保加利亞人這個外患，必須有周詳部署和準備，所以這些年來他一直在容忍著薩繆爾汗的舉動。經過多年準備，巴西爾二世終於作出回應，開始與將領們收復昔日被保加利亞人搶去的領土，例如在九九七年收復希臘，在一〇〇〇年收復普利斯卡（Pliska），在一〇〇四年收復斯科普里（Skopje），以及在一〇〇五年收復迪拉基翁（Dyracchion）。終於在一〇一四年，巴西爾二世成功控制保加利亞帝國北部和中部，向著薩繆爾汗所在地——保加利亞帝國首都索迪卡挺進。

薩繆爾汗認為，拜占庭帝國軍隊要攻擊他的首都，必定要先穿越一個山谷，地形上與他那次伏擊巴西爾二世十分近似。薩繆爾汗加強在這些據點佈防，等候巴西爾二世再一次跌入他的圈套。策略看似有效，巴西爾二世果然直接攻擊據點之一克雷迪昂（Kleidion），卻始終無法成功穿越。不過，這位皇帝已今非昔比，如今卻是有勇有謀。他命令一名將領不惜代價，攀山涉水繞過山谷，繞到保加利亞人後方。巴西爾二世則繼續正面攻擊，當保加利亞人發現時，拜占庭帝國軍隊已經把他們重重包圍。

保加利亞人見狀，只好棄守防禦塔，主動迎擊包圍著他們的敵軍，卻已成甕中之鱉。巴西爾二世成功突破保加利亞人防線，為數眾多的拜占庭帝國軍隊殺進保加利亞軍隊中大肆屠殺，沒被殺的，則落荒而逃。風水輪流轉，巴西爾二世與薩繆爾汗的立場對調了。薩繆爾汗最後只靠兒子突出重圍才勉強逃離戰場，回到大本營。

保加利亞軍隊幾近全軍覆沒，巴西爾二世俘虜了近一萬四千名保加利亞士兵。他沒打算屠殺這些戰俘，打算放走他們回國。不過，巴西爾二世卻要向薩繆爾汗傳遞一個令他畏懼的訊息。他將戰俘每百人分成一組，把其中九十九人雙眼剜出，餘下一人被允許保留一隻眼睛，目的是確保這群戰俘有人能帶路回到保加利亞。

這群被弄瞎的保加利亞戰俘最後回到保加利亞，已經接近精神崩潰。當薩繆爾汗看到這種淒慘景象時，受到極大打擊，無法接受眼前事實，他悲痛和憤恨不已，竟暈倒過去，兩天後便離世。經過此役，巴西爾二世不僅取得了一次徹底擊潰保加利亞人的勝利，還從此得了個綽號——「保加利亞人屠夫」（Basil the Bulgar Slayer）。

繼承薩繆爾汗的人雖然繼續作出抵抗，但已是無濟於事。這個昔日曾經稱霸天下，如今卻被恐懼和絕望籠罩的保加利亞帝國，最終被巴西爾二世征服，成為拜占庭帝國一部分。克羅埃西亞那些統治者，很識時務地奉拜占庭帝國為新宗主國，而巴西爾二世也禮待他們。一〇一六年，巴西爾二世昂首凱旋進入保加利亞故都索迪卡。

雖然他曾經十分痛恨薩繆爾汗，但現在卻對被征服的保加利亞人厚待有加。例如，他允許臣民以實物代替黃金交稅，並允許在保有主教委任權前提下，讓保加利亞教會保持獨立。在這些懷柔措施下，拜占庭帝國再沒有叛亂發生。可是，在巴西爾二世死後，他的繼承者廢除了這些措施，叛亂再次席捲全國，逐漸削弱中興的拜占庭帝國。

✧ 一生征戰戎馬，絕不停下來

既是戰士，又是統治者，巴西爾二世在他最後時光，仍然積極對外用兵。在一〇二一至一〇二二年間，他在對格魯吉亞伊比利亞（Georgian Iberia）和亞美尼亞的戰爭中均取得了輝煌戰蹟。巴西爾二世統治期間，拜占庭帝國領土大了一倍，在當時是世界上的超級強國。事實上，他還計劃進軍西西里（Sicily），但卻在一〇二五年末逝世，享年六十五歲，是帝國歷史上在位最久的皇帝。

一般來說，皇帝駕崩，大多會將其遺體置於精美石棺裡，再安葬在君士坦丁堡聖使徒教堂（The Church of the Holy Apostles）。然而，巴西爾二世臨終前卻要求一切從簡，命人把他安葬在君士坦丁堡外一個不起眼的陵墓，符合他一生以來的簡樸生活態度。

巴西爾二世一生征戰，終身未娶，沒留下任何子嗣，其皇位由弟弟君士坦丁繼承。可惜的是，接著的後繼者並無巴西爾二世的魄力和才能，他所留下的帝國遺產，在一至兩代後便迅速耗盡，帝國又再度陷入危機之中。

那麼，如何評價巴西爾二世？大多因為立場問題，後世對巴西爾二世評價好壞參半。對現代希臘人來說（當時拜占庭帝國已高度希臘化），巴西爾二世是個英雄人物；對現代保加利亞人來說，他卻是個罪無可恕的大壞蛋。在希臘，巴西爾二世代表的是希臘歷史上最後一個超級強權時期，不少希臘文獻和文學把他塑造得很正面。可是，希臘人對巴西爾二世的推崇，是有意識地忽略了這位君主殘暴一面。雖然巴西爾二世成就了偉大功業，但卻是建基於無數保加利亞人骸骨之上。另一角度來說，保加利亞人對巴西爾二世的印象卻是差無可差，他故意弄瞎戰俘，向保加利亞人傳遞恐懼，還得了個「保加利亞人屠夫」綽號，是個殘暴的征服者。

或許世上很多事情本來就有兩面——在某些人眼中的英雄，是其他人眼中的惡棍絕對不奇。

一心復興蒙古帝國：沒有絲毫憐憫之心的帖木兒

✧帖木兒

要說十四世紀時伊斯蘭世界最嗜血和最強大的統治者，應該非蒙古裔統治者帖木兒（Timur）莫屬。他是突厥化的蒙古人，繼承了祖先嗜血作風，更是猶有過之，其殘暴和謀略之高舉世聞名。在他進行的眾多可怕軍事行動中，戰無不勝之餘，更曾屠殺數百萬人。帖木兒踐踏這些人命，把統治疆域從印度德里（Delhi）向西一路延伸至地中海沿岸，似乎昔日威震四方的蒙古帝國再現。

帖木兒既令人聞風喪膽，又讓人敬而生畏。歐洲人對帖木兒的認識主要來自英國伊莉莎白時代著名作家克里斯托弗．馬洛（Christopher Marlowe）一部作品

《帖木兒大帝》（*Tamburlaine*）。這部作品把帖木兒描寫成一個毫無憐憫之心、視人命如草芥的野蠻統治者。

究竟，帖木兒為何被塑造成一個惡魔般存在？讓我們在本文介紹一下帖木兒是誰，他平生又是如何度過的。

帖木兒出生一百五十年前的十二世紀，蒙古人是世界舞台主角。成吉思汗和他的子孫在蒙古草原崛起，席捲中西亞，曾一度建立起地球上最大的帝國——蒙古帝國。可是，蒙古人雖善於征戰，但卻不擅長統治，要統治這麼一個幅員遼闊的帝國，對他們來說是苦差。於是，成吉思汗臨終前，把帝國分成四份，分別讓四個兒子繼承。這四個分割出來的政權被稱為「汗國」——窩闊台汗國（後來元朝建立並將之吞併）、察合台汗國、伊兒汗國和金帳汗國。四大汗國在名義上奉元朝為宗主國，實際上卻互不隸屬。

其中，察合台汗國分封給成吉思汗次子察合台。察合台汗國位於中亞，擁有廣闊草原、壯闊沙漠和宏偉山脈，堪稱昔日蒙古帝國境內最美之地，但同時卻是整個帝國最荒蕪的地方。相較之下，它的北鄰金帳汗國就完全不同了。金帳汗國位處黑海和高加索地區，那裡曾是羅斯人（Rus）聚居地，而且接近東歐諸國，金帳汗國把這些地方的人征服後，透過被征服民族的貴族階層進行間接統治，並定期接受這些王公貢品。

至於察合台汗國統治者，因為疆土大部分都沒被開發，因此他們還是過著遊牧民族式的生活。遊牧民族其中一個比較常見的情況，便是往往容易出現內鬥。畢竟，遊牧民族多以部落為單位，部落與部落之間不一定相處融洽。就是這樣，察合台汗國很快便分裂成東西兩部分，即被稱為「蒙兀兒斯坦」的東察合台汗國和「河中」的西察合台汗國。

一三三六年，帖木兒就是出生在這樣的政治形勢下。他的父親塔剌海（Taraqai）是巴魯剌思氏部落（Barlas Tribe）一名貴族。巴魯剌思氏聚居在撒馬爾罕（Samarkand）南端一帶，過著遊牧生活。隨著季節轉變，巴魯剌思氏會四處遷徙，尋找適合放牧之地，因此帖木兒不會長時間逗留在同一地方居住。

帖木兒十多歲時，感覺放牧生活無聊，覺得不如幹些不法勾當還來得有趣和有利可圖，於是他去了當土匪。最初他只是偷鄰居家畜變賣，後來又開始覺得無聊了，便乾脆當起強盜來，搶劫途經旅人。到了二十多歲時，本性暴戾的帖木兒又不安分了，現在他是一名傭兵。不過，在一次作戰中，帖木兒中箭傷及要害，身受重傷。雖然大難不死，但右腿和右臂卻從此殘廢，無法正常行走和舉起右手。帖木兒就因此得了個稱號──「跛子帖木兒」（Timur the Lame）。怎知，錯著錯著，歐洲人後來聽到帖木兒的大名時，把他名字誤寫為「Tamerlane」。

✧登上權力舞台

正常人會認為，帖木兒跛了之後，應該再也不成氣候。然而，對於帖木兒來說，這一切只是開始，他的野心從沒熄滅。一三五七年，西察合台汗國大汗逝世，帖木兒意識到這是一個千載難逢的好機會。他立刻去找東察合台汗國大汗禿忽魯帖木兒（Tughlugh Timur），借助他的力量奪取西察合台汗國控制權。在他們兩人合作下，禿忽魯帖木兒把兒子也里牙思火者（Ilyas Khoja）扶上了西察合台汗國總督之位，並由帖木兒輔政。禿忽魯帖木兒死後，也里牙思火者同時繼承了東西察合台汗國汗位。

帖木兒不甘於當老二，於是他背叛了也里牙思火者，加入了大舅埃米爾忽辛（Amir Husayn）結盟。忽辛跟東察合台汗國本來就有過節，他跟帖木兒在一三六六年成功驅逐了也里牙思火者在西察合台汗國的勢力，進而征服了整個西察合台汗國。既然帖木兒不甘心臣服於禿忽魯帖木兒和也里牙思火者，也自然不甘心與忽辛分享權力。於是，他很快便與忽辛反臉了。一三七〇年，帖木兒圍攻巴爾赫城（Balkh），忽辛在此戰中被暗殺身亡。忽辛死後，所有阻礙帖木兒獨覽大權的障礙已被掃除，帖木兒隨即宣布自己繼承西察合台汗國汗位，代表帖木兒帝國正式建立。

身為一名蒙古人，帖木兒的理想並不只是統治河中地區，他認為自身使命是要光復昔日成吉思汗時期曾一度強大的蒙古帝國。於是，他做了一件一生中唯一一次的政治策略——迎娶忽辛遺孀薩拉伊．穆爾克．汗尼姆（Saray Mulk Khanum）。汗尼姆是成吉思汗「黃金家族」直系後代，如此尊貴的身份，對於帖木兒來說十分重要，因為帖木兒能憑這段婚姻取得西察合台汗國合法統治地位之餘，還能以「黃金家族」之名復興蒙古帝國。

✧不帶任何憐憫的征戰

把汗位安定好後，帖木兒要開始征戰了。他明白人生短促，所以也不打算花時間與鄰國打交道，最方便快捷的便是一個字——「打」！他給帖木兒帝國四周鄰國的訊息很簡單：「你們只能直接投降，沒有其他選擇。如果違抗我，我就把你們的城市摧毀，把你們每一個子民變成奴隸或屍體。」

一三八三年起，帖木兒先把目光放在波斯地區。波斯地區原為伊兒汗國勢力範圍，但這個汗國卻因為經歷多年內鬥而變得虛弱，後來更分裂成四個王朝。帖木兒利用這點，首先進攻卡爾提德王朝（Kart Dynasty）首都赫拉特（Herat）。赫拉特是個波斯古都，帖木兒很快便攻陷這裡，把其洗劫一空後，大肆破壞城內大量地標建築，並以屠殺城內所有平民作結。卡爾提德王朝成了帖木兒征戰行動中第一個犧牲品。

波斯地區其他城鎮聞訊後極度恐慌，他們深知自己不久後將成為下個目標，帖木兒軍隊很快便會出現在他們城下。有見及此，有些城鎮如德黑蘭（Tehran）選擇向帖木兒無條件投降，這些不作任何反抗的地方，帖木兒予之禮待。至於那些不肯投降的城鎮，則會被帖木兒徹底殲滅——城鎮被夷平，平民被屠殺。例如，波斯城市伊斯法罕（Isfahan）曾經因為不滿帖木兒向他們徵收重稅而作出反抗，帖木兒對他們的回應很簡單也很殘暴，就是在伊斯法罕進行屠城，被殺平民頭蓋骨則用作興建瞭望塔。

在帖木兒眼中，也不是所有人都是如螻蟻一樣低賤。有些人比較「幸運」，能夠在屠城中倖存下來，他們便是工匠。工匠在帖木兒眼中是十分重要的技術人才，但他卻從來沒想過要厚待他們。帖木兒把他們送到帝國首都撒馬爾罕，日夜進行建設，目的是要把這座城變成一個能夠彰顯偉大帖木兒帝國的首都。他把撒馬爾罕建設成中亞伊斯蘭世界中心，首都從此充滿許多來自中亞不同地區的藝術家、建築家和知識分子。

帖木兒自誇撒馬爾罕為史上最偉大的城市，並且是對真主阿拉的讚頌和奉獻。然而，他並非是個純粹的宗教狂熱分子，而是想藉由把自己定位為「伊斯蘭教捍衛者」及「成吉思汗繼承者」這兩個身份，把自己在伊斯蘭世界的統治地位正統化——他絕對有資格統治龐大的蒙古帝國。為了達到這目的，他把自己稱為「真主之劍」（Sword of Allah）——真主派去降臨地上捍衛真正伊斯蘭教的代表。

✧ 真主之劍

雖然說得那麼正氣凜然，帖木兒自己也沒太遵守伊斯蘭教規條。伊斯蘭教其中一個教義是不許殺人，但帖木兒卻是殺人不眨眼。換句話說，強調自身是「真主之劍」，有很大部分原因只是為了統治需要。

隨著四處征戰，帖木兒帝國版圖愈來愈大，帝國境內民族構成愈來愈複雜，所信仰宗教也愈來愈多。不信仰伊斯蘭教的異教徒，帖木兒強迫他們改信伊斯蘭教。在他的帝國中，並沒有宗教自由這四個字。

帖木兒是這麼認為：「伊斯蘭國家就應當只有信仰伊斯蘭教的臣民。」

這同時成為了他入侵印度德里蘇丹國（Delhi Sultanate）的藉口，他覺得當地伊斯蘭統治者對信仰印度教的人民太過寬厚，是對真主阿拉的褻瀆，帖木兒要親手糾正他們的錯誤。一三九八年九月，帖木兒率領一支九萬人的軍隊渡過印度河，沿途摧毀經過的城市。他很快便攻陷了德里蘇丹國首都德里，並幾乎將其夷為平地。帖木兒只為教訓這裡的統治者，並沒想過要直接統治印度。經過一輪燒殺搶掠和屠城後，他便班師回朝，順道把女人、奴隸、工匠和戰象等等戰利品帶回撒馬爾罕。經此一役後，德里蘇丹國便一蹶不振，從此不斷衰落。帖木兒利用從印度帶回的資源，開始修建一座著名清真寺——比比哈努姆清真寺（Bibi-Khanym Mosque）。

✧ 鄂圖曼帝國是哪門子？

一年後，帖木兒把目光從東方轉向西方，這次他的目標是鄂圖曼帝國和埃及馬木留克蘇丹國。這兩個是當時世上數一數二的強國，兩者皆有強大的伊斯蘭統治者。不過，帖木兒認為這兩個國家領土原本是屬於蒙古帝國，所以他要把土地奪回來。馬木留克王朝在一百多年前成功抵擋了蒙古人入侵，卻被帖木兒輕鬆打敗。

至於鄂圖曼帝國，他們的蘇丹巴耶濟德一世（Bayezid I, Sultan of the Ottoman Empire）號稱「閃電」，在與拜占庭帝國的戰事中戰無不勝，歐洲人對其聞風喪膽。巴耶濟德一世因為奪取了本屬於蒙古人在安那托利亞的土地而惹怒了帖木兒。一三九九年，帖木兒向他發出了最後通牒：「服從古蘭經、對異教徒發動戰爭等事，是阻止我摧毀你的國家的唯一考慮。」

帖木兒意思大抵就是：「要不是我現在忙著，我早就把你滅了。」巴耶濟德一世當然知道他的含意，他語帶輕蔑地回覆了帖木兒：「在我的耶尼切里軍團（Janissaries）的利刃和戰斧下，韃靼人的弓箭又算得上什麼？」

帖木兒收到這樣的回覆，以他強硬的性格當然是嚥不下這口氣了，他決定親自測試這些鄂圖曼帝國的所謂精英耶尼切里軍團究竟有多大本領。趁著巴耶濟德一世進攻拜占庭帝國君士坦丁堡之際，帖木兒以迅雷不及掩耳的速度占領了屬於鄂圖曼帝國的巴格達。巴格達曾是伊斯蘭世界文化中心，帖木兒在這裡屠殺了超過二萬名平民，並將這個古城所有古蹟摧毀，他不容許世上有任何城市能夠跟撒馬爾罕競爭。接著，他北上占領了亞塞拜然和敘利亞地區，給鄂圖曼帝國極大威脅，巴耶濟德一世只好暫時停止對拜占庭帝國的征服戰爭，回來應付帖木兒的侵略。

帖木兒來到了安那托利亞的錫瓦斯（Sivas）小鎮，跟鎮上人民說：「如果你們肯打開大門投降，我保證這裡不會流一滴血。」

本來錫瓦斯人民就毫無勝算，聽後便投降並把大門打開，誰知帖木兒卻下令把這個鎮上三千名無辜平民活埋——他的確信守了諾言，這裡真的沒流過一滴血。

一四〇二年七月，帖木兒的軍隊迫近安卡拉（Ankara），與巴耶濟德一世的軍隊相遇，展開了一場大戰。帖木兒避開與鄂圖曼帝國軍隊正面交鋒，改為攻擊他們後方，巴耶濟德一世的軍隊陣腳大亂。不久後，帖木兒重挫了鄂圖曼帝國軍隊，成功俘虜了巴耶濟德一世。據說曾有一種說法，在班師回到撒馬爾罕途中，巴耶濟德一世受盡折磨。巴耶濟德一世如此惹怒了帖木兒，他在敵陣中受到的屈辱，你能想到與想不到的，都可能發生過在他身上。例如，他被帖木兒當成專用腳凳，又試過被關在一個黃金牢籠裡，當成戰利品一樣向眾人展示。不過，這些可能只是以訛傳訛，事實上巴耶濟德一世極有可能非但沒有受到折磨，還被帖木兒當成上賓。

雖然帖木兒如此暴虐，西歐世界卻十分支持他。原因很簡單，敵人的敵人就是朋友，帖木兒對鄂圖曼帝國發動的進攻，正正暫時解除了基督教世界的危機。鄂圖曼帝國是個正在崛起的強國，正試圖征服屬於基督教陣營的匈牙利。如今，因為鄂圖曼帝國蘇丹被俘，國內群龍無首，掀起了內亂。因此，當得悉帖木兒大敗巴耶濟德一世後，英格蘭國王亨利四世（Henry IV, King of England）和法國國王查理六世（Charles VI, King of France）皆發信向帖木兒表示祝賀。西班牙卡斯蒂利亞王國（Kingdom of Castile）甚至派出由羅・哥澤來滋・克拉維約（Ruy Gonzalez de Clavijo）率領的使團前往撒馬爾罕，出使帖木兒帝國。

根據克拉維約詳細敘述，他看到了帖木兒宮廷令人稱奇的景象和事情。例如，當他在一四〇四年到達帖木兒十五座宮殿後，發現這些宮殿揉合著伊斯蘭教和遊牧民族兩者的傳統風格。某些宮殿可以被拆除收起，依需要移到其他地方再展開，十分特別。此外，根據蒙古人作風，西班牙使節在帖木兒盛情款待下，每晚在大肆進食前都先喝下大量的酒。帖木兒十分重視宴會，據說曾經有個來賓因為遲到，被他下令刺穿鼻子，使其看起來像一頭豬，因豬在伊斯蘭世界被認為是穢物。這種種事情，都是他們從來沒遇到過的。

✧明朝太過囂張

當克拉維約啟程回國後，帖木兒隨即把目光放在下個目標——明朝。這次，是他最後一次出征了。撒馬爾罕早就跟明朝有貿易來往，但明朝經常以天朝自居，把帖木兒帝國當成附庸國。如在一三九五年，明朝傳來了一封信。這封信內容是什麼不太重要，帖木兒只知明朝皇帝在信中自稱是「地上一切之主」，故意貶低帖木兒的地位。

帖木兒豈會甘心當一個小弟？他要給明朝一些教訓。自此以後，帖木兒便經常扣押明朝使節。當明朝派第二批使節來調查時，帖木兒又把這批使節扣押，正式向明朝宣戰。

明朝在帖木兒眼中是個眼中釘，因為明朝取代了由偉大的忽必烈可汗建立的元朝。於是在一四〇四年，為了趕及在較佳季節行軍，帖木兒在時年十二月帶著為數二十萬的軍隊東征明朝。東征之前，他曾問過身邊一位占星術士此行結果如何，占星術士跟他說：「您看，天上繁星正排列得整整有條，那還會有什麼壞事發生？」

然而，似乎繁星站在明朝那邊。一四〇五年，帖木兒渡過位於烏茲別克斯坦（Uzbekistan）結了冰的錫爾河（Syr Darya River）途中，感染風寒病逝，享年六十八歲。軍隊失去了指揮，決定放棄出征明朝，就此班師回國。帖木兒帝國與明朝的對壘、帖木兒與明成祖朱棣的對決，最終並沒有發生。

✧留下的遺產

帖木兒遺體被浸在香油中並置放在象牙製棺木裡，安葬在撒馬爾罕的帖木兒墓（Gur-e-Amir）裡。

跟成吉思汗做法一樣，帖木兒把遺留下來的帝國分給他的兒孫。然而，他這個帝國是建立在恐懼、高壓與掠奪之上，並沒有良好管治制度，帝國終究只是曇花一現。在往後數十年，他的繼承人互相征伐，帝國也在內戰中漸漸消逝。

雖然如此，帖木兒這把伊斯蘭利劍卻沒有因此而完全消失。他的曾孫巴卑爾（Babur）帶領一眾人馬來到了印度，在那裡建立了莫臥兒帝國（Mughal Empire）。「莫臥兒」在波斯語中解作「蒙古」，帖木兒的子孫重新建立了蒙古帝國。莫臥兒帝國統治印度長達三百多年，期間興建了舉世聞名的泰姬瑪哈陵（Taj Mahal）和德里紅堡（Delhi's Red Fort）這些讓人驚嘆的世界遺產。

帖木兒因為他的暴虐而為人認識，是歷史上最後一個在草原崛起、能取得莫大軍事成就的世界征服者。但換個角度來看，他建立了一個獨特又繁榮的撒馬爾罕，把這個本來只是一個位於沙漠中的驛站轉化為伊斯蘭世界的文化、知識和宗教中心。對於一個曾偷牛羊的跛腳土匪來說，似乎已是不錯的成就吧？

附錄：有趣傳說——帖木兒的詛咒

帖木兒死前，曾為自己墓棺刻上了兩句話：「若我重新降世，世界將為之顫抖。」和「擾我安息者，將面對比我更可怕的入侵者。」希望以詛咒嚇走所有盜墓者和不敬者。然而，還是有人敢違抗他的遺言。一七四〇年，一名波斯君主納迪爾沙阿（Nader Shah）闖進了帖木兒墓，驚嘆帖木兒石棺工藝之高，於是把棺上翡翠偷走運回國，但這塊翡翠卻在途中裂開。之後，這位波斯君王便一直噩運纏身，他兒子更差點沒命。為此，他的大臣建議把翡翠物歸原主，但即使這樣做，似乎還是得不到帖木兒鬼魂的寬恕。幾年後，納迪爾沙阿遇刺身亡。

二十世紀時，蘇聯考古學家米哈伊爾・格拉西莫夫（Mikhail Gerasimov）又嘗試挑戰這個詛咒。當時，烏茲別克斯坦是蘇聯一部分，他在一九四一年來到撒馬爾罕，對帖木兒墓進行考古工作。同年六月二十二日，他把帖木兒骸骨搬離了其石棺。翌日，納粹德國元首希特勒啟動巴巴羅薩行動（Operation Barbarossa），對蘇聯展開大型侵略，應驗了帖木兒的詛咒。

這兩件事情，是巧合，還是帖木兒的詛咒真實存在？

扛起國家興衰重任：「哲學家皇帝」馬庫斯·奧理略

✧五賢帝時期

在古羅馬帝國，曾經有過一個黃金時代，稱為「五賢帝時期」。所謂五賢帝時期，是指西元九六年至一八〇年這段時期。帝位繼承採取羅馬帝國獨特的養子繼承制，帝位過渡平穩，國內經濟和民生十分安定，羅馬軍團有效鎮守邊疆，阻截著日耳曼人（Germanic People）在帝國範圍外，而且與當時在東部接壤的另一個大帝國——安息帝國（Parthian Empire）鮮有大型衝突。一言蔽之，就是當時既沒有內憂也沒有外患，對羅馬人來說，是個最幸福的時代。

五賢帝時期的帝位繼承之間並不以血緣為基礎，而是考慮繼承者能力和威望。

皇帝會提拔表現出眾的人在身邊工作，並委派他擔任多項重要公職，讓他能累積從政經驗和聲望。時機成熟時，皇帝會把他收為養子，死後平穩地完成帝位過渡。

因為這時期成為皇帝的人都是些能幹和富有經驗的人，所以造就了羅馬帝國這個盛世高峰時期。

然而，高峰結束後，就是下降。有時候，帝國走向衰落，並非全是統治者責任，而是源於很多不能控制的外圍因素。一個賢能的統治者生於這個時期，往往便是力挽狂瀾的一位。在逆境時，他們所作出比先祖們更多努力，以延遲帝國衰落。

本文要介紹的，便是羅馬帝國五賢帝時期最後一位皇帝——馬庫斯．奧理略（Marcus Aurelius，161 年—180 年在位）。

✧馬庫斯．奧理略

年幼時的他早被富有洞察力的哈德良皇帝（Hadrianius）看出他的治國才能，認為他是個當皇帝的好材料。不過，當時奧理略太年輕，未有足夠學識和從政經驗治國，也沒有什麼威望。如果根據養子繼承制立他為繼承人，也許哈德良雲遊後，奧理略還只是個小伙子，扛不起治國重任。讓一個小伙子擔任帝國重要舵手，未免太大風險了，而且會受到其他人反對，造成政治動盪。

原本，哈德良收養盧修斯·埃利烏斯（Lucius Aelius）作為養子。但最後埃利烏斯早逝，哈德良轉而收養五十歲的安東尼奧·派烏斯（Antoninus Pius，138 年—161 年在位）作為養子，成為繼任人，並著令他登位後必須同時立埃利烏斯兒子盧修斯·維魯斯（Lucius Verus）和奧理略為繼任人。

派烏斯是個十分賢明的人，言行頗受人尊敬。他成為皇帝後，果然遵守承諾，立即收了維魯斯和奧理略為養子，並悉心栽培他們成為未來接班人。就這樣，聰慧的維魯斯和奧理略便在宮廷裡受著良好教育，學識淵博，為未來繼承帝國舵手做好準備。派烏斯統治時期，承繼了哈德良的統治理念，不對外擴張，以守勢為外交策略，並專心處理國內事情，終身沒有離開過羅馬。在維魯斯和奧理略接手前，他順利維持著帝國盛世。

西元一六一年，安東尼奧·派烏斯駕崩，奧理略在沒異議的情況下得到元老院承認，成為羅馬帝國皇帝。起初，元老院並沒有授意維魯斯為皇帝，但寬宏的奧理略卻向元老院提出反對，說如果元老院不承認維魯斯，他也不會行使皇帝權力。於是，元老院同意維魯斯可行使皇帝權力。於是，當時帝國首次出現了兩位皇帝真正共治，雖然奧理略還是帝國最高領袖。

在前幾任皇帝努力下，帝國富庶和安穩，沒有什麼外患，奧理略就是在這樣的環境中長大。因為這樣，奧理略深知和平對帝國人民的重要性，他自己也是個愛好和平，討厭戰爭的皇帝。

可是上天似乎不打算給他一個平穩的皇帝人生。他成為羅馬帝國皇帝後，幾乎都在為帝國疲於奔命。那時代，日耳曼人已經不是那些毫無組織性和戰略的野蠻人，在與羅馬軍團多次對壘的百多年間，戰術和策略也愈來愈進步。

因此，奧理略面對的，是愈來愈強大的日耳曼蠻族，他們侵擾帝國的情況也愈演愈烈。日耳曼人已經漸漸發展出更強大的軍事力量和武器，使得奧理略迫不得已地違背自己理念，親身前往前線指揮作戰。

卻說第二位五賢帝——「勇帝」圖拉真皇帝（Trajan，98 年—117 年在位）在位期間，把羅馬帝國擴張至其史上最大版圖，以迅雷不及掩耳的速度重創安息帝國，而且更征服了達契亞，將之變成帝國行省，並高度羅馬化當地，作為面對日耳曼蠻族的橋頭堡。為紀念這場戰爭，義大利羅馬豎立了藝術價值極高的「圖拉真柱」。但來到奧理略時，他並沒有圖拉真的軍事才能，卻要面對更嚴峻的境況、更高水平的日耳曼人。

為了帶領羅馬軍團打贏一次又一次的邊境戰爭，他親自在前線指揮，承擔著作戰失敗帶來的無盡危機，儘管每一場勝利是他艱苦卓絕地取得的。

可是，上天卻沒有因為他的努力而讓他輕鬆一點。安息帝國此時改變了對羅馬帝國的政策，揮軍入侵羅馬帝國東部。維魯斯親自前往應戰，雖然他在與安息帝國的戰爭中取得勝利，卻也因此把天花病帶入帝國。當時，羅馬軍團在敘利亞染上天花病，並隨軍隊傳遍帝國，爆發了「安東尼奧瘟疫」（Antonie Plague）。天花病不僅嚴重削弱了羅馬軍團戰鬥力，還奪去了無數平民性命。奧理略在作戰之餘，還要費力處理災情。羅馬帝國幅員遼闊，疫症卻蔓延得很快。

而且，上天還把奧理略的得力助手奪走——一六九年，維魯斯在東部戰線班師回朝途中，因感染疫症而病逝。

從此，奧理略需要隻身處理帝國的所有問題。

✧《沉思錄》

面對著如此沉重的責任和使命，愛好哲學的奧理略時常思考人生意義。為了履行作為帝國舵手的責任，他整個統治生涯都在進行他討厭又不擅長卻又不能失敗的事——戰爭。

可能是因為極具責任感的他面對著艱苦卓絕的統治生涯，奧理略相信斯多葛主義哲學派（Stocism）。他認為人生必須自我克制、保持理性，並追求美德和道德。他根據自身經驗，寫了一本哲學作品《沉思錄》（*Meditations*），內容充滿對人生的疑問和反思。或許，承受著如此壓力的他，只能透過寫作取得一點安慰。他在《沉思錄》中提過：

「做每一件事時，要把它當作你生命中最後一件要完成的事。」

「天地萬物在變，人生卻是由思考塑造。」

這本著作讓他得到「哲學家皇帝」的綽號，現代版本在今天仍能找到。

高峰過去後，只有賢能統治者能夠讓帝國盛世延續下去。經過奧理略努力，自首任皇帝奧古斯都開創的「羅馬和平」，終究得以延續下去。

西元一八〇年，馬庫斯・奧理略在邊境對抗外敵時病逝，成為第一個不在首都羅馬，卻在軍中逝世的皇帝。雖然在他力挽狂瀾下，羅馬帝國總算能維持著和平盛世，但其衰敗之勢卻已漸漸浮現。當他親兒子康茂德（Commodus）繼承帝位後，行之已久的養子繼承傳統中斷了，康茂德沒有父親的責任感，也沒有父親的統治才能。他的統治，被後世歷史學家認定為羅馬帝國衰落之始，五賢帝時期也告終結。

不愛江山愛自由：非典型瑞典女王克莉絲汀娜

談起歐洲歷史上的女王，比較著名的有英格蘭的伊莉莎白一世、俄羅斯的凱薩琳大帝（Catherine the Great, Emperor of Russia）或奧地利的瑪麗亞·特蕾莎，而接下來想為大家介紹一個較少人認識的歐洲女王。雖說如此，這位女王在她那時代卻無人不曉。她就是生於十七世紀瑞典的克莉絲汀娜女王（Christina, Queen of Sweden）。克莉絲汀娜女王在那時候的歐洲絕對是個奇葩。以現代標準來說，她或許只是個頗有性格的人，但以當時來說，她卻被認為是個瘋癲之婦。

她出生的環境絕對是影響她往後性格和思想的主要因素之一。因此，在講述她的事蹟前，我們先要了解一下那時的瑞典是個怎樣的國家。

✧瑞典王國崛起

十六世紀的瑞典是個年輕國家，剛從丹麥統治中獨立。獨立後，瑞典第一位國王是古斯塔夫一世（Gustav I, King of Sweden）。他來自瓦薩王朝（House of Vasa），該王朝一直統治瑞典直至十七世紀中葉。新的瑞典王國像個初創企業，國王古斯塔夫一世為國家從無到有建立了很多東西，例如他組建了紀律嚴明的現代化軍隊，改革當時的國家制度，以及積極參與波羅的地區（Baltic）事務，提升瑞典的歐洲地位。

除此之外，他還像英格蘭的亨利八世一樣，為國家進行了宗教改革。亨利八世與羅馬天主教廷鬧翻，並充公天主教會在英格蘭的資產，古斯塔夫一世做法也是跟他相類似。不過，亨利八世創立的英國新國教仍存在一定的天主教元素，而古斯塔夫一世卻做得更徹底，乾脆把瑞典國教定為新教路德宗（Lutheranism）。

一五六〇年，古斯塔夫一世逝世，長子艾里克十四世（Eric XIV, King of Sweden）繼承王位。這位國王雖然博學多才，性格卻極度猜疑，而且行為殘暴，更有精神失常，與同父異母弟弟約翰公爵（John）為首的貴族關係很差，引爆了一場貴族叛亂。艾里克十四世被約翰推翻，約翰繼位為約翰三世（John III, King of Sweden）。

然而，成功進行宗教改革的國家不代表天主教就此一掃而空，天主教影響力仍然巨大，新教與天主教陣營之間的矛盾與爭鬥常常出現，瑞典也不例外。約翰三世的王后是個天主教徒，來自信仰天主教的波蘭—立陶宛聯邦的統治家族。受到王后影響，約翰三世為瑞典國教引入了許多富有天主教色彩的儀式和傳統，使新教徒十分不滿。

約翰三世繼任人是他兒子西吉斯蒙德（Sigismund, King of Sweden），同樣是個天主教徒。西吉斯蒙德成為瑞典國王前，已是波蘭國王（King of Poland）和立陶宛大公（Grand Duke of Lithuania）。這位西吉斯蒙德的宗教政策在波蘭和立陶宛掀起滿城風雨，瑞典在他統治下，天主教勢力更強盛。

為了親自統治瑞典，他委任了叔叔卡爾（Karl）為波蘭攝政王。可是，這兩叔姪在宗教信仰上卻是南轅北轍——西吉斯蒙德是天主教徒，卡爾卻是新教徒。為此，他們反目成仇，終致瑞典爆發內戰。西吉斯蒙德被推翻，卡爾取而代之，即卡爾九世（Karl IX, King of Sweden）。雖然卡爾九世並非信奉瑞典國教路德宗，但至少還是個新教徒，瑞典在他的七年統治期間，宗教紛爭總算消停，國家不再因此內耗，為他兒子古斯塔夫二世（Gustav II, King of Sweden）創造了大展鴻圖的穩定條件。

一六一七年，十七歲的古斯塔夫二世加冕為瑞典國王。這位年輕國王一生幾乎投入在軍事上，與丹麥和俄羅斯多次戰事中皆取得勝利，享有「北方雄獅」美譽。不過，這些勝利還不算是他最偉大的成就。一六三〇年，他作出了一個影響瑞典未來的決定——帶領瑞典參與「三十年戰爭」。所謂「三十年戰爭」，是歐洲宗教改革運動引伸出來一場曠日持久的慘烈戰爭。當時多個歐洲國家都捲入了這場戰爭，包括法國、西班牙、神聖羅馬帝國、荷蘭和其他細小邦國。這場戰爭一六一八年開打，打了十多年還是沒有什麼結果，戰況膠著。

古斯塔夫二世帶著他那支紀律嚴明的瑞典軍隊殺進這渾水中，除了支援新教陣營之餘，也協助法國對抗統治歐洲多個領地的哈布斯堡王朝。他打贏了三場決定性的戰役，卻是壯志未酬，在一六三二年的呂岑戰役（Battle of Lützen）中戰死。古斯塔夫二世死後被瑞典國會追封「大帝」稱號，他也是唯一一位擁有這個稱號的瑞典國王。

✧女王萬事俱備

英年早逝的古斯塔夫二世遺下了年幼獨生女。這名幼女就是文章主角——克莉絲汀娜。才不到六歲的她就這樣突如其來地繼承了瑞典王位。古斯塔夫二世還在世時，早已計劃把女兒栽培為他的接班人。為確保女兒能平穩地繼承王位，他首先確保女兒導師們將她當作一位王子般教導，又促成國會承諾擁護和支持克莉絲汀娜。同時，他安排女兒與其表兄卡爾一同學習。卡爾比克莉絲汀娜年長四歲，是繼克莉絲汀娜後第二順位繼承人。古斯塔夫二世如此安排，便是希望女兒長大後跟卡爾結婚，鞏固王位。

在如此精心安排下，克莉絲汀娜確也沒有辜負到父親苦心，展現出對學問和知識的強烈熱誠。擁有活躍頭腦的她，對各種知識範疇的書籍有著強烈渴求。她專注於古典學，懂得數種語言。這還不止，古斯塔夫二世留給克莉絲汀娜最寶貴的禮物，並非只是這些優質教育，而是扶助他多年的宰相埃克塞爾・烏克森謝納（Axel Oxenstierna, Lord High Chancellor of Sweden）。在瑞典，埃克塞爾被譽為當代最偉大的人，他給國王的意見具有無比價值，曾幫助瑞典在三十年戰爭中取得極大利益。

既然有充份栽培和國會支持，又有卡爾和埃克塞爾扶助，克莉絲汀娜在這個男人當道的時代，絕對有條件成為一代名君。然而，這一切真是克莉絲汀娜心裡想要的嗎？

克莉絲汀娜女王用行動回答了這條問題。一六四五年，戰爭已經進行了二十七年，各主要參戰國均對持續膠著的戰況感到厭倦了，各國醞釀著一場和平談判。敏銳的埃克塞爾卻認為，三十年戰爭只要一直打下去，瑞典就能從中獲得更大利益。於是，為了阻止各國達成和平協議，他派兒子組成團隊，代表瑞典進行談判。可是，克莉絲汀娜心裡卻不認同。她十分厭惡戰爭，當知道各國有意為和平展開談判，她隨即派遣了自己的近臣團隊代替埃克塞爾兒子的使團，並著他們不計任何代價都要促成和平。

一六四八年，經過一連串談判，各國同意簽定《西發里亞條約》（*Peace of Westphalia*），漫長的戰爭終於落幕了。

可是，埃克塞爾卻十分失望。他向女王抱怨，如果當初讓他堅持採取更強硬立場，瑞典得到的利益將遠遠比《西發里亞條約》規定的更多更大。克莉絲汀娜十分反感，隨即就把他撤職，改換成馬格努斯・加布里埃爾・德拉加迪（Magnus Gabriel De la Gardie）作為她的首席顧問。可這位馬格努斯差得遠了，他擅長的不是為瑞典在歐洲各國間謀取利益，而是一味為王室鞏固權威。

深受瑞典民眾愛戴的埃克塞爾被免職就夠朝野上下震驚了，不過克莉絲汀娜下一步卻更令人驚愕。一六四九年，她突然向外宣布終身不嫁，並立表哥卡爾為繼承人。她本身就對婚姻有種恐懼，她的偶像——英格蘭童貞女王伊莉莎白一世也是終身不嫁。而且，她過去學習關於天主教信仰的知識時，更深受獨身修行主張吸引。次年，繼位已十八年的克莉絲汀娜終於舉行了登基大典，成為正式的瑞典女王並親政。可問題是，她準備要當個怎樣的統治者？

✧女王行為……有點不妥

這個問題對於當代人來說，也不好回答，原因在於克莉絲汀娜的行為實在太奇特了。這位女王飽讀詩書，研讀過歐洲過去不少女王的統治事蹟，其中她最仰慕的，便是伊莉莎白一世。然而雖說如此，她卻沒有以伊莉莎白一世為榜樣，衣著上也與這位強調自身為女性的一代女王截然不同。反之，克莉絲汀娜常常以男性裝扮出現，就算在某些場合要以女性裝扮出席時，她對如何穿搭也完全不講究。有一次，一個芭蕾舞團被邀請到王宮作客，其中一個任務便是要教導女王什麼才是優雅的儀態。

埃克塞爾曾自豪地評價還是公主的克莉絲汀娜：「她完全不像個女孩子。」當時他一定以為公主有著男性的器宇軒昂，卻沒預料到這孩子長大後原來卻跟他所想迥異。克莉絲汀娜把時間全花在她的興趣上面——藝術、閱讀、寫作、科學儀器、音樂和戲劇等等，就是對治國沒半點興趣。

不過，雖說對治國不感興趣，但她卻一心把瑞典改革成一個「現代」國家。這裡說的「現代」國家，當然不是什麼制度改革或治國政策。克莉絲汀娜心目中的完美國家，是指在文藝上追上當時正處巨大文藝革命的荷蘭、法國、義大利等國。當時的時尚界普遍認為，瑞典只是個冷冰冰和落後的國家，住著粗魯的瑞典人，歷代統治者都是不成熟的。克莉絲汀娜盼望斯德哥爾摩（Stockholm）王宮能夠超越巴黎、維也納、倫敦和羅馬任何一個城市的王宮，讓世人知道瑞典首都斯德哥爾摩不亞於這些傳統大城市。

瑞典不能只徒具外觀，國內學者實在太少了，滿足不到對學問知識有無盡欲望的女王。克莉絲汀娜執掌國家財政後，隨即動用龐大財力，在歐洲各個角落搜羅各式各樣的知識論述，並邀請當時的權威思想家來訪她的王宮。十七世紀是個文藝時代，同時也是宗教思辨的時代。無論是哲學家、神學家、神祕主義者和科學家，皆對上帝存在、宇宙本質和各派教條都有十分熱烈的討論。

在這種環境下，各著名思想家如雨後春筍般相繼出現。勒內・笛卡兒（René Descartes）、布萊茲・帕斯卡爾（Blaise Pascal）、巴魯赫・斯賓諾莎（Baruch Spinoza）、湯瑪斯・霍布斯（Thomas Hobbes）、約翰・洛克（John Locke）、葛腓烈・萊布尼茨（Gottfried Leibnitz）、艾薩克・牛頓（Isaac Newton）等等都是當代大賢。他們所代表的思想和思辨範圍很廣，其中包括了猶太哲學「卡巴拉」（Kabbalah）、天文學和鍊金術等等，旨在尋找世界真理。這一切一切對於基督教世界來說是個重大衝擊，也實實在在地使克莉絲汀娜迷倒。例如，當克莉絲汀娜打聽到有一本在地下廣泛流傳的著作《論三個冒名頂替者》（*The Treatise of the Three Imposters*）後，她說花盡手段都要獲得一本。這本書在當時被認為十分大逆不道，內容否定了摩西、耶穌和穆罕默德教誨。對於一個基督新教國家的統治者來說，這本書顯然不適合女王閱讀。

當然，若純以學術角度探討這本書的內容和觀點絕對沒有問題。但是，對一個在位君主來說，則是大件事了。為什麼呢？歐洲君主其實並不完全自由，他們沒有選擇自由信仰的權利，改變信仰往往會引致嚴重後果，在於他們不只代表自己立場，還預設代表國家立場。譬如說，十七世紀後，歐洲各國基本上已定好各自的國教，分別信奉天主教、新教路德宗、新教歸正宗（Calvinism）或聖公宗（Anglicanism）等等。這些國家統治者，憲法規定需要全力支持該國國教。

舉個例子，大不列顛王國安妮女王在一七一四年駕崩後，繼承她王位的竟是德意志一個遠房親戚。如果純以血統來說，這位遠房親戚之前的五十六位貴族血統上比他與安妮女王更親近。可這五十六個人無一不是天主教徒，而國家憲法上卻規定天主教徒不能繼承英國王位。於是，信奉新教的這位遠房親戚便順理成章成為了英王，他就是喬治一世。

瑞典國教是屬於新教的路德宗，在國內也無可避免地分成不同派系，漸漸引起了一連串政治鬥爭。克莉絲汀娜親歷其中，熟悉不同宗教派系理論的她漸漸對路德宗產生疑問，最終促使她離棄路德宗——這個他父親古斯塔夫二世至死捍衛的新教教派。後來，她又再作出了一個舉世震驚的決定，不但宣布改宗天主教，還「不愛江山愛自由」，毅然放棄王位，追求屬於自己該擁有的自由人生。

每一個決定背後必定有原因和動機。究竟發生了什麼事，讓克莉絲汀娜女王屢屢作出令當時世人如此驚愕的決定？改宗和退位後的她經歷了什麼，又得到了怎樣的評價呢？

✧煩人的宗教爭論

前文提到，克莉絲汀娜漸漸對新教路德宗產生厭倦感，而使她作出了改宗決定的，便是在一五四〇年代在瑞典教會裡發生的長年宗教爭拗造成的。話說當時瑞典國教分成了兩派——溫和派（The Moderates）和強硬派（The Hard-liners）。兩派常常為教義和禮儀等等針鋒相對，爭吵不斷。向來重視自由思想的克莉絲汀娜對這種預設定義禮教的討論極度不耐煩，認為這是在浪費時間和資源在一些對社會沒幫助的爭拗。而且，她發現無論何派也好，皆從沒想過要進行適應時代的宗教改革。在克莉絲汀娜看來，這兩派其實是同出一轍，只敢在頑固保守主義中尋找一些沒意義的改變。

克莉絲汀娜當時行徑，在教派人士眼中算是離經叛道，因此他們常常挑剔女王行為，認為她根本沒有做好作為女王這身份的工作，而且更沒有盡力守護她父親古斯塔夫二世至死捍衛的瑞典國教。

於是，不甘受到教會約束的克莉絲汀娜作出了她人生兩個重大決定。

一六五〇年，女王透過駐國內的葡萄牙大使暗地向羅馬教廷傳遞了一個訊息，表示她有意改信天主教。十七世紀的歐洲基督教世界早已四分五裂，不少國家已改信各種教派的新教，而改信路德宗的瑞典更是其中一個劇烈地從天主教轉投新教的國家。如今，羅馬教廷得知現任瑞典女王竟然有意改宗天主教，當然是求之不得了。於是，他們派出了以耶穌會士（Jesuit scholar）保羅．卡薩蒂（Paolo Casati）為首的天主教代表團來到瑞典與女王會面。

✧女王的內心掙扎

客觀的歷史進程就是這樣。當時瑞典人眼中，他們女王跟她父親比起來，實在過於任性了。然而，這真的只因女王任性而起嗎？我們應該要好好思考，為什麼克莉絲汀娜會有著這樣的行為和決定。

首先，從她出生以降，便已經在新教路德宗強烈發展的時代環境下長大。當時每個人無不認為，瑞典作為新教國家這一原則是不可撼動的大勢所趨，國內事務皆應該朝著以新教教義為中心發展，就連當時還在位的瑞典國王「北方雄獅」古斯塔夫二世，也在捍衛新教的戰爭中戰死。因此，從小開始，克莉絲汀娜便被寄予厚望，在未來當要繼承父親遺志。

新教在瑞典的影響還使克莉絲汀娜失去了選擇婚姻對象的權利。為了使瑞典在血脈和宗教得以穩妥傳承，她未來丈夫人選早被決定。或許，她父親希望能把女兒教導成一個德才並重，能肩負國家重擔的一代明君。因此，出於對女兒倍加愛護和對國家的責任心，他試圖把最好的宮廷教育和最有利她統治的環境，同時都準備好給克莉絲汀娜。然而，雖然古斯塔夫二世十分英明，但卻沒預料到，他為女兒準備的兩大重點——教育和統治優勢，其實為克莉絲汀娜心靈產生了兩種巨大矛盾。

克莉絲汀娜飽覽群書，培養出她那種追求自由和學識、重於批判思考的性格，認為人人都有權利決定自身的路要怎麼走，不應被命運束縛著，人生也不應被他人計劃好。豐富的學識讓她心中對路德宗教條產生質疑，對瑞典國教沒有留下什麼好印象。然而，擁有女王身份的她，本來便應該要為瑞典國教背書，也應該作為一個清晰的宗教好榜樣，但她卻不曾這樣做過。

父親為她準備好的統治優勢，如今成為了她思想上的枷鎖，皆最終被她一一推翻，例如撤換宰相埃克塞爾·烏克森謝納，取消與表兄卡爾的婚事並宣布終身不嫁，以及放棄新教改信天主教等等。凡此種種，全因克莉絲汀娜同樣意識到心裡的兩種巨大矛盾，而最終蘊含在她體內的哲學家血液戰勝了統治者血液，並決定從此倒向身為自由人而非統治者的身份。

當克莉絲汀娜還只是個公主時，這種矛盾並不致於那麼強烈，她仍能夠享受作為一個孩童擁有的自由。可是，如今成為女王，雖然對自由的渴望有增無減，但現實卻迫使她感受到自由不斷地減少。

✧女王是同性戀者？

另一件讓當時瑞典人覺得她離經叛道的事，便是她被認為是同性戀者。

前文提到，克莉絲汀娜喜歡作男性打扮，甚至在公開場合也只肯以較為中性的打扮出席。而且，女王後來曾與一名女性有著十分親密的關係。雖然如此，女王是否同性戀始終只是瑞典人心裡的一個疑問，無從證實。事實上，真正讓人民吃驚的卻不是她那同性戀傾向，而是她曾與其一班男寵縱慾，並以揮霍無度證明自己對男性同樣有興趣。然雖則如此，她始終沒讓自己在男女關係上投放過多，因此這些男寵也無法得到什麼政治優勢。

無論克莉絲汀娜性取向是什麼，或許她是故意藉此向外間宣示自己要以自由意志生活的一種方式。

✧女王的心病

一六五一年，來自四方八面的批判和壓力，女王心理上好像出了大問題，變得喜怒無常，並失去了作為女王的決策力，且讓我們舉一個例子。話說一位名叫阿諾．美辛紐斯（Arnold Messenius）的人是個公認的陰謀家，經常在國內製造麻煩，早已被關在瑞典監獄多年。後來，女王覺得他跟自己十分相似，同是為追求自己深信的東西而決定釋放他，並拔擢他到宮廷擔任重要職位。可是，這人卻沒有因此而盡力報答女王的知遇之恩，卻以聖經中的「耶洗別」（Jezebel）稱呼女王，並到處宣揚女王曾有過有傷風化、淫穢到頂的故事。

所謂「耶洗別」，在舊約聖經中是以色列國王阿哈（Ahab）的妻子，是魔神巴力（Baal）的狂熱信奉者，離棄了耶和華。在新約聖經中，則指假借上帝之名，傳遞虛假訊息誘導人們離棄上帝、並鼓勵人行姦淫的人。也就是說，阿諾・美辛紐斯以極盡侮辱的方式批評女王離經叛道的行為，到處破壞女王名聲。

克莉絲汀娜為此事十分震怒，她下令立即處決阿諾・美辛紐斯。不過，這仍不能平息怒火，她同時再下令處決阿諾・美辛紐斯十七歲的兒子。不久後，她開始不再相信身邊的人，連近臣馬格努斯・加布里埃爾・德拉加迪也被免職流放。

當然，阿諾・美辛紐斯如此侮辱女王，被處決也算是理所當然。但連他那十七歲兒子同被處決，以及馬格努斯被免職流放的做法，卻在瑞典朝野間引起了巨大批評。這些批評無疑使克莉絲汀娜頭頂的王冠愈來愈不穩。

女王的心理狀況似乎愈來愈差。一位來自法國的醫生皮埃爾・布德洛（Pierre Bourdelot）卻看到了機會。他來到瑞典首都斯德哥爾摩求見女王，聲稱有方法可以治好女王心病。女王接見了他，並著他展示能力。皮埃爾鼓勵女王多讀色情文學，並提出文藝復興時期大文豪法蘭索瓦・拉伯雷（François Rabelais）主張的享樂主義（Hedonism）為最有效的治療方法。皮埃爾接著向女王引用法蘭索瓦・拉伯雷的名句：「fais ce que voudras.」，意即「隨心所欲」。

長久受到外間壓力而心情低落的年輕女王，長年感到孤獨，身邊並沒人理解自己。如今竟然出現一位「高人」要自己隨心所欲行事，克莉絲汀娜好像終於找到了能夠理解自己的人。皮埃爾沒有使用治療心病的傳統療法，只要女王盡力放鬆和享受，拋開身邊所有枷鎖。皮埃爾其實並非什麼高人，他極有可能只是知道女王想聽什麼而配合說什麼。不過他卻成功得到女王歡心，最後帶著大量賞賜回到法國。

退位並離開瑞典

不管怎樣，女王狀況確實好了起來。經過皮埃爾的「治療」後，她堅定了心，做一件一直想做卻遲遲沒有勇氣去做的事。女王為此事作好準備、收拾好行裝和屬於她的財富，運往比利時安特衛普（Antwerp, Belgium）。一六五四年二月，克莉絲汀娜向國會提出退位請求，並把王位傳給表兄卡爾。

瑞典上下都十分驚訝，但又覺得理所當然，所以也沒多作阻撓。於是，一六五四年，克莉絲汀娜女王正式退位，由卡爾接任瑞典王位，稱卡爾十世（Karl X, King of Sweden）。由於女王把王位傳給了維特爾斯巴赫家族（House of

Wittelsbach）支系普法爾茨—茨魏布呂肯王朝（House of Palatinate-Zweibrücken）的卡爾十世，因此瑞典瓦薩王朝至此結束。

同年六月，已退位的克莉絲汀娜領著龐大車隊和超過二百五十人浩浩蕩蕩地離開瑞典，國會讓她帶走的財富基本上都足夠她餘生過著安逸舒適的生活。一直以來，她從沒向任何人提及想改信天主教，避免影響到跟瑞典國會的談判而得不償失。直到她安全抵達安特衛普後，才在同年平安夜秘密地進行了改信天主教的儀式，儀式過後的一年都沒人知道她已非新教徒。

讀到這裡的讀者可能會問，既然克莉絲汀娜那麼討厭新教路德宗的繁文縟節，那為什麼還要改信天主教？天主教不是更多繁文縟節嗎？

✧喜愛天主教藝術

上文提到，克莉絲汀娜放棄了她的王位，離開了瑞典前往比利時的安特衛普，不久後更改信了天主教。不過，天主教比新教路德宗（Lutheranism）有更多繁文縟節，克莉絲汀娜又怎會變成一個虔誠的天主教徒？事實證明，她並沒有因為改信了天主教而改變自己對宗教的看法。

例如，她第一次進行天主教聖餐禮（First Communion）時，便毫不掩飾地拿「聖餐變體論」這個在很多天主教徒眼中十分神聖的儀式開玩笑。所謂「聖餐變體論」，是指進行聖餐禮時，被神父祝福過的無酵餅和葡萄酒，會分別成為耶穌基督的身體和聖血。克莉絲汀娜當時認為，「聖餐變體論」在哲理上極其荒謬。由此可見，無論克莉絲汀娜是新教徒還是天主教徒，她始終從一而終——質疑那些她認為不切實際的宗教理論和儀式。

不過，有趣的是，雖然天主教有更多繁文縟節，但比起新教路德宗，克莉絲汀娜對天主教卻較有好感，原因當然不是天主教教條較為適合她。還記得克莉絲汀娜是個飽覽群書、知識淵博的人嗎？新教建築實而無華，天主教建築卻極具藝術氣息。克莉絲汀娜特別喜愛巴洛克式（Baroque）的天主教建築，對那些壁畫、建築、雕塑和音樂尤為喜愛。縱使如此，這些令她驚嘆的藝術作品，卻始終沒有讓她更為虔誠，在當時她還是讓人感到離經叛道。

克莉絲汀娜的行為讓那些極虔誠的天主教徒如同新教徒一樣，感到難以置信。這位瑞典前女王，往往把自由放在世間任何東西之上，包括信仰。她沒為信仰作出什麼奉獻，卻經常周遊歐洲列國，接受各國宴請，與許多思想家作學術辯論，參觀許多年輕貴族必到的文化景點。根據我們對她的了解，天主教所以能吸引克莉絲汀娜，完全非因為它的宗教理論，純粹是因為教廷坐落在這個充滿古典藝術氣氛的千年古都——羅馬。

✧企圖復辟

然而，放棄王位雖然使她不再需要為國家大事擔憂，但並不代表她從此便擁有絕對自由。現在，她已不是瑞典女王，本來擁有的女王特權也同時失去，是她久久未能接受和適應的。有一次，在法國宮廷作客時，身邊侍從蒙納爾德希（Monaldeschi）開罪了她，憤怒的克莉絲汀娜輕率地處決了這名侍從。事情隨即激起了法國人巨大反感，及後更演變成大型示威抗議行動，表達對克莉絲汀娜的嚴重不滿。從前克莉絲汀娜處決阿諾．美辛紐斯父子時，仍是女王的她還是能得到瑞典國會通過法律外衣去滿足她的處決合理性。如今，她卻不再有國會在背後撐腰，替她收拾殘局了。

克莉絲汀娜因為失去了女王特權，曾不太熱心地試圖要求復辟。一六六〇年，卡爾十世去世，由年幼的兒子卡爾十一世（Karl XI, King of Sweden）繼位。克莉絲汀娜認為，當初她只是把王位傳給表哥卡爾十世和他的後代，如果卡爾十一世沒有子嗣而離世，王位理應歸還給她。可克莉絲汀娜已是個天主教徒，瑞典國會認為她早已失去繼承王位的資格，因此最終克莉絲汀娜沒能復辟成功。

✧定居羅馬

克莉絲汀娜最喜歡的城市是羅馬。初到羅馬時，她受到梵蒂岡（Vatican）熱烈歡迎。當時教宗亞歷山大七世（Pope Alexander VII）帶領許多學者和藝術家一同迎接這位貴賓，從此克莉絲汀娜便住在梵蒂岡側翼。這位前任瑞典女王來自新教國家，如今卻決定改信天主教，教廷覺得這是天主教一場「重大勝利」，是一樁成功的「宗教政變」。為慶祝「重大勝利」，教廷為克莉絲汀娜舉辦了盛大晚宴、戲劇表演、煙火匯演和其他形形色色的慶祝活動，持續了一個月。自此，克莉絲汀娜餘生便居住在羅馬特拉斯提弗列區（Trastevere）的科西尼宮（Palazzo Corsini）。科西尼宮是一座參照文藝復興的巴洛克風格建築，由設計聖伯多祿大教堂（St. Peter’s Basilica）的建築師多納托·伯拉孟特（Donato Bramante）設計，無怪乎克莉絲汀娜會選擇這裡作為她的居所了。

一位瑞典前女王住在一座由著名建築師設計、富有文藝復興藝術感的巴洛克式建築，噱頭很大，從此科西尼宮便成為羅馬的社交焦點和熱門旅遊景點，愈見熱鬧。有見及此，克莉絲汀娜在這裡成立了文學沙龍（Literary Salon），後來文學沙龍演變成義大利歷史悠久的亞凱迪亞學院（Arcadian Academy），是基於古希臘和羅馬田園詩的詩風的重要啟發地。在這裡，羅馬每個角落的藝術家、詩人和遊客雲集於此，享受著互相辯論、欣賞音樂和吟詩作對的自由。除此之外，克莉絲汀娜也創立了全羅馬第一所公眾劇院，並舉辦奢華派對，熱心贊助許多年輕學者和藝術家，幫助他們發展事業。

克莉絲汀娜雖然對宗教並沒興趣，但對學問和藝術發展的追求，卻是無容置疑的。

✧與教廷不咬弦

不過，雖然她對天主教藝術抱有濃厚興趣，但卻非教廷原本所希望的。教廷希望克莉絲汀娜能夠成為一個象徵，向新教徒展示天主教才是真正的基督教信仰。不過明顯地，克莉絲汀娜並沒有這個打算，以致梵蒂岡與她的關係愈來愈差。當教廷以超高規格的盛大宴會歡迎克莉絲汀娜光臨過後，他們之間的蜜月期很快便結束了。克莉絲汀娜曾與謀殺案有關，與替她打理財政的天主教樞機德喬・阿佐利諾（Cardinal Decio Azzolino）又疑似有染，亞歷山大七世漸漸無法忍受克莉絲汀娜「古怪」、「不道德」的行為。他這樣評論克莉絲汀娜：「她是個沒有土地的女王、沒有信仰的基督徒、沒有羞恥心的女人。」

雖然克莉絲汀娜與亞歷山大七世後繼者克萊芒九世（Pope Clement IX）關係較為好些，但到了英諾森十一世（Pope Innocent XI）時，與教廷關係又跌至低點。英諾森十一世這樣評論克莉絲汀娜：「這個女人已經對公眾構成了道德危機。」

克莉絲汀娜是個十分崇尚自由的人，她的思想與天主教並不契合。她那巨大的影響力，對教廷來說絕對是個威脅。為了減低克莉絲汀娜對公眾的影響，英諾森十一世甚至威脅強制關閉她創立的公眾劇院。

雖然克莉絲汀娜已經脫離新教並改信了天主教，但不代表她就此無條件支持天主教。例如在一六八五年，法國國王路易十四宣布取消南特敕令（Edict of Nantes）。南特敕令是十六世紀末法國國王亨利四世（Henry IV, King of France）頒布的法令，內容主要承認國內胡格諾派（The Huguenots）的宗教自由，並在法律上享有平等的公民權利。胡格諾派是在法國興起的新教教派，有時會稱為法國新教。也就是說，路易十四取消南特敕令，意味著他打壓國內新教徒。克莉絲汀娜為此極力批評路易十四的做法，更莫名其妙的向教廷投訴。她所以對這件事如此不滿，並非因為她曾是個新教徒，而是她覺得每個人應擁有平等自由和權利，不應因為信仰不同而遭受打壓。在今天看來，沒人會質疑她的觀點，但在她那個時代，這種想法卻不為當時——尤其是社會上層所接受。

克莉絲汀娜是個自傲的女性，從不理會當時社會的主流思想，也曾對牽涉自己在內的謀殺案完全不在乎。她活出獨特自我，不受道德約束，也從不為自己行為作任何辯解，因此落得不受任何基督教派支持的下場。雖然如此，她對藝術和文化的貢獻卻廣受到民眾認同。

一六八九年，克莉絲汀娜因病逝世，享年六十八歲，臨終前接受了聖禮。她與當時教宗亞歷山大八世（Pope Alexander VIII）關係不錯，後者為她舉行了一場盛大和精心的葬禮，並讓公眾瞻仰她的遺容。克莉絲汀娜最後被安葬在她生前喜愛的聖伯多祿大教堂中，是目前為止僅三位能夠擁有此榮耀的女性。雖然，克莉絲汀娜一生總是不被理解，大半生輕蔑著自己的信仰，但她始終能貫徹始終地活出自己認為最自由的人生，死後也得到教廷莫大尊重，在我們看來，也算是活得不錯吧！

從被厭惡到廣受愛戴：獨一無二的英國亞伯特親王

✧寒酸小貴族

「噢！我是世上最幸福的女人！」

一八四〇年二月十日，是英國維多利亞女王大婚之日。婚後，她高興地這樣寫道，彷彿作為日不落帝國女王，遠不及與心愛之人結婚那樣幸福快樂。她的丈夫是來自德意志薩克森－科堡－哥達地區的亞伯特親王，在云云對手中得到了維多利亞女王的歡心。今天英國人十分愛戴這位亞伯特親王，不過你可曾想過，這位在英國史上留下芳名的王夫（Prince Consort），卻為當時英國人厭惡呢？

這也難怪，英國在十九世紀是個全球帝國，統治領土占了地球四分之一的土地，是世上最強的國家。維多利亞女王正是這個全球帝國的君主，身份可謂尊貴至極。而這個來自德意志地區的亞伯特，可差得遠了。當時德意志地區不是個統一國家，德國還不存在，這片土地存在很多零碎小邦國，亞伯特的薩克森－科堡－哥達家族只是其中一個小貴族。而且，礙於地緣政治關係，歐洲諸國劍拔弩張，英國與德意志地區關係也不是很好，很多人擔心這段婚姻會為英國帶來很多外國政治干預。

如今，竟然有一個德意志諸侯迎娶我們最尊貴的維多利亞女王！英國人也許對這個消息感到震撼。無他，他們覺得亞伯特這個寒酸小貴族，根本高攀不起全球日不落帝國的王室。甚至，當時有些漫畫這樣諷刺亞伯特：「他只是個淘金者（Gold Digger），把在德意志經營的香腸店關閉後，專心來到英國享受燦爛生活。」

縱使英國大眾對亞伯特百般厭惡，爭相看不起他，維多利亞女王作為他的妻子，卻沒有因此而有所動搖。婚前，為了讓亞伯特享有歷代王夫王后相等待遇，她曾向國會要求批准一筆切合他王夫身份的收入，維持候任王夫和英國王室尊嚴。然而，國會卻不怎麼買賬，最終只肯批准一份少得可憐的金額。而且國會還跟女王說，只要這位寒酸小貴族一天還未來到英國結婚，一毛錢也絕不會給。

事實上，維多利亞女王的顧問皆反對給予亞伯特「配國王」（King Consort）的稱號，擔心這個接近「國王」的稱號會觸發英國民眾反德情緒。於是，最終亞伯特只獲得「王夫」這個官方稱號，而且這個稱號還得等到亞伯特與女王結婚十七年後，國會才批准他使用，那時離亞伯特離世前，只有四年。「王夫」這個正式稱號在英國史上並沒出現過，就算是後來英女王伊莉莎白二世的丈夫菲利普親王，也只稱「親王」（Prince），而不是「王夫」。

不過，觀感歸觀感，禮儀歸禮儀，儘管英國人如何不滿這位新王夫，他們還是要為他設計一套在大婚之日穿著的禮服，而且更要符合王室大婚傳統規格。當時傳統禮儀是，亞伯特必須穿著英國軍服，於是裁縫便為他度身訂造了一套元帥軍服。這又讓英國人捧腹大笑了。原因是亞伯特才只是個二十歲的小伙子，也毫無軍事經驗，穿起元帥軍服實在是「穿起龍袍不像太子」，格格不入。一幅諷刺漫畫索性把他畫成穿著元帥軍服，騎著一匹石造假馬，看後讓人啼笑皆非。

英國人的尖酸刻薄，從他們對待亞伯特的態度，實在可見一斑啊！

✧無法實現抱負的王夫

既然王夫在英國如此不受歡迎，他的行為更要加倍小心，畢竟英國是奉行君主立憲制多年的國家，王室不能過度干預管治。以下這個故事，大家就會明白他的無奈。

話說，雖然亞伯特並無任何作戰經驗，但他對軍務還是有一點獨到見解。他曾向當時的英軍總司令威靈頓公爵（Duke of Wellington）建議，應該嚴格禁止軍隊裡互相決鬥的傳統，避免造成不必要的傷亡。此外，他對英國竟然沒有專門的軍事訓練場地感到十分驚訝。他年少還在德意志生活時，這種訓練場地早已比比皆是。他的眼光最終促使一八五四年駐軍鎮奧爾德肖特（Aldershot）的建立，時至今天仍然是英軍駐紮地。

當時，英國民眾對此十分敏感，他們覺得亞伯特有越權之嫌。儘管如此，威靈頓公爵卻認為這位年輕王夫有著高效和上進的特質。當任期將近屆滿，威靈頓公爵建議亞伯特成為他的繼任人。為此，亞伯特感到喜出望外，一個如此吸引人的提案，他確實有認真考慮過。不過，這不是一個簡單決定，心思細密的他腦海裡產生了很多問題——英軍會聽一個德意志人發號施令嗎？如何在自身抱負與憲政地位取得平衡？全都是令人頭痛的問題。

最終，他寫信給威靈頓公爵。這是一封很長的信，大意如下：

「我必須保持低調，不能比我妻子高調，也不應追求任何權位，不能自吹自擂，不應假設自己有任何其他職責置於公眾之上，而只能把自己定位為女王家庭一部分。」

也就是說，亞伯特十分清醒，鑑於自身憲政地位，絕不能擔任下任總司令。這對於一個有抱負和野心的男人來說，是個艱難決定。因為他知道，從成為英國王夫一刻開始，他的人生就成為了女王一部分，不再有自由發展機會。他在給一位德意志朋友的信中寫道：「雖然我對人生感到高興和滿足，但卻發現難以維護自己尊嚴。因為我只是個丈夫，而不是一家之主。」

作為王夫，他其中一個最重要任務是要為王室誕下繼承人。而每當妻子懷孕後，他往往十分享受作為妻子的政治代理人。巧合地，維多利亞女王第七個承子亞瑟（Arthur）出生之日，正好是威靈頓公爵八十一歲大壽。為祝賀此事，威靈頓公爵成為了亞瑟的教父。維多利亞女王與亞伯特共有九個孩子——四位王子和五位公主。開枝散葉的結果，便是這些孩子們後來相繼與歐洲其他王室結婚，維多利亞女王也因此得到了「歐洲祖母」（The Grandmother of Europe）的外號。對亞伯特來說，經常懷孕的維多利亞女王反而讓他有很多機會在政治上展現影響力。

涉足政壇

英國人對亞伯特觀感變好的轉捩點，是在一樁女王刺殺事件發生之後。一八四〇年夏天，一位名叫愛德華．牛津（Edward Oxford）的男子向女王開槍。亞伯特在他走近前便已感不妙，在電光火石間他按下女王身體，子彈才沒有射中女王。之後，英國報章頭條紛紛盛讚亞伯特的機智，人們開始相信這位來自德意志的貴族能夠保護他們的女王，漸漸開始接受他。同年，國會通過法案，如果女王在王儲成年之前逝世，將允許亞伯特成為攝政王。英國人民普遍歡迎這個法案，認為他是最適合的攝政人選。

後來，亞伯特成為了女王私人秘書，使他成為一個有權力的男人。現在，他可以接觸政府文件，也可以與女王一起跟首相私下會面。亞伯特曾建議女王應與政黨輝格黨（Whig Party）斷開連結，把自己定位在所有政黨政治之上，才合乎一位立憲君主應有的做法。此外，女王受到王夫鼓勵，開始關注童工社會福利問題，讓她知道社會上那些勞動階級的艱困。為了改善情況，亞伯特擬定了一系列計劃去改善兒童教育、提供更佳居住環境和為那些沒有退休金的工人提供補助和儲蓄銀行服務。亞伯特有著強烈的道德感，除了立志改善國內民眾民生問題外，他還極度反對奴隸貿易，並譴責其為「歐洲文明污點」。

「只要我有能力，每天我都會盡全力促進這些政策。」他誓言道。

話說，婚後第一次進行公開演說時，他得到了台下熱烈掌聲。因為在他努力下，終於樹立了一個言出必行的形象。不過，台上十分鐘，台下十年功。原來他進行這次演說時，內心卻十分恐懼。他給父親的一封信曾寫道：

「以英文撰寫的演講內容是我花了很多時間準備的，然後再由衷地反覆練習如何說出口來。在五六千個對我有所期待的台下觀眾面前使用非母語進行演講，對我來說是極大挑戰。」

不過，並非所有亞伯特為國家所做的事，皆得到讚賞。他部分行為，來到近年才有英國歷史學者明白他的本意。例如在一八四二年，絲綢業呈現衰退現象，斯皮塔佛德（Spitalfields）的紡織工人生計受打擊，很多人甚至三餐不繼。為了拯救這些紡織工人，亞伯特在白金漢宮（Buckingham Palace）舉行了一場盛大的化妝舞會，規定所有出席客人必須穿著最細緻的絲綢製禮服參加晚宴。然而，他這個做法卻惹來不少嚴厲批評，社會輿論認為當時很多人連溫飽都有問題時，他竟高調舉行如此奢華的晚宴，卻沒人發現這場奢華晚宴的真正目的事實上是為那些處於水深火熱的紡織工人提供就業機會。

✧ 重視孩子的爸爸

維多利亞女王與亞伯特其中一項最情投意合的事，非他們兩人均對藝術設計抱有濃厚熱情莫屬。在多年相處裡，他們經常在重要節日互相贈送對方畫作和雕刻。亞伯特閒時亦有自己的創作，現今英國王室收藏中，便保存著他超過五百件作品。亞伯特還把他的藝術才華應用在其他地方。一八四〇年代，他任職西敏寺室內設計委員員會主席，亦經常監督其他個人項目，例如位於蘇格蘭的巴爾莫勒爾堡（Balmoral Castle）和懷特島（Isle of Wight）的奧斯本莊園（Osborne House）整修工作。

亞伯特親自監督整修工作，不僅是他興趣使然，當中還考慮身為爸爸的責任。奧斯本莊園是王室家庭第二個家，有一間瑞士小木屋。小木屋建在叢林中，所有東西皆以四三比例設計，是亞伯特特意為孩子們建造，讓他們在那裡玩耍。這間小木屋有工作坊、廚房、博物館和花園，孩子們可以發揮諸如手工、烹飪、採集和種植等等潛能。有趣的是，原來孩子們曾合力經營過一間玩具店，並由父親亞伯特定時覆核玩具店帳簿。亞伯特希望透過這些活學活用方式，讓孩子學習長大後所需知識、經驗和技能。

由此可見，亞伯特十分著重給予孩子的教育。

亞伯特從小與兄長一起接受教育，爸爸恩斯特二世（Ernest II, Duke of Saxe-Coburg and Gotha）據稱曾說：「我的孩子行為端正，也清楚知道該學習什麼才能成為一個有用的人。因此，我沒為他們擔憂過。」

恩斯特二世在三十多歲時迎娶了十六歲的德意志公主路易絲（Louise），也就是亞伯特親母。然而，路易絲卻被懷疑有外遇，恩斯特二世最終與她離婚，並著令她移居到瑞士生活。當時，亞伯特才七歲，此生再沒見過母親。然而，亞伯特似乎對母親無法忘懷——他把其中一位女兒改名為路易絲。可能因為兒時經歷，亞伯特十分重視為孩子建立一個健全、幸福的家庭。

✧世界博覽會

難能可貴的是，亞伯特並不只是關心自己家庭。一八四七年，他被委任為劍橋大學校長。任內，他改革大學課程，學生除了學習數學和古典學外，還需要學習倫理學、哲學、法律和自然科學。為了推廣這些新興學科，他創辦了一所新學校——即今天英國名校倫敦帝國學院（Imperial College London）。該學院是英國第一所專注於科學研究的學府。拜他所賜，英國無論在醫學和科技等等學術範疇，皆有著顯著進步。

這時，亞伯特心裡萌生了一個想法：各方面突飛猛進的英國，為什麼不在國際舞台亮相炫耀一下呢？

一八五一年，亞伯特為英國主辦了世上第一屆世界博覽會（The Great

Exhibition）。世博是當時國際社會首次展出多國的產品設計和製造的場地。很多英國作家諸如查爾斯・狄更斯（Charles Dickens）、路易斯・卡羅（Lewis Carroll）和夏綠蒂・勃朗特（Charlotte Brontë）曾這樣評價該博覽會：「那是一個夢一樣的地方——包羅萬有、陌生而且新奇。」

亞伯特贏得了極多掌聲，甚至蓋過他過去所受到最嚴厲的批評。的確，因為這次博覽會，英國得以向世界展示了強大實力，讓各國驚嘆。而舉辦世博所得收益，亞伯特全數用作發展工業教育，並推進科學和文藝在各生產行業中的影響。南肯辛頓（South Kensington）是現今英國文化重鎮，當年亞伯特利用世博收益在當地修建了許多博物館和文化建築群，包括維多利亞與亞伯特博物館（Victoria and Albert Museum）、自然史博物館（Natural History Museum）、科學博物館（Science Museum）、皇家亞伯特音樂廳（Royal Albert Hall）、帝國學院、皇家音樂學院（Royal College of Music）和皇家藝術學院（Royal College of Art）等等。

✧屬於英國獨一無二的王夫

二十年王夫生涯裡，亞伯特為他的入籍國盡心盡力，最終贏得英國人真切的愛戴。不過，與他為維多利亞女王所做相比，卻顯得小巫見大巫。在女王心中，亞伯特不僅是個稱職的丈夫和孩子父親，還是她最重要的知己和顧問。

一八六一年二月，是維多利亞女王和亞伯特二十一周年結婚紀念。亞伯特說：「我們婚姻曾經歷多少風暴，但它仍然保持長青和新鮮，並長出嫩芽灑向大地。我可以肯定，這個世界會因此變得更美好。」

難過的是，這亦是他們最後一次共渡周年結婚紀念日。

一八六一年十二月二十四日，亞伯特病逝，享年四十二歲。維多利亞女王因為丈夫的離世而深受打擊，陷入悲痛，從此不再在公開場合露面，餘生只穿著黑色衣裝。亞伯特在很久之前便已被診斷出患上傷寒，然在患病期間仍然孜孜不倦地為女王和國家服務。例如，在他最後的日子裡，英美兩國關係極度緊張，已在戰爭爆發邊緣。亞伯特介入並最終成功以外交手段解決雙方矛盾，避免兩國開戰。然而，過勞的亞伯特兩星期後便去世了。當時英國首相巴麥尊子爵（Viscount Palmerston）曾慨嘆道：「英國寧願與美國發生長達十年的戰爭，也不願為此失去我們尊敬的亞伯特親王。」

亞伯特走了，但他留下來的瑰寶，還會影響著英國王室和國家未來數十年發展。

奧地利國家英雄：戰無不勝的歐根親王

位於奧地利首都維也納的霍夫堡宮（Hofburg Vienna），是過去哈布斯堡王朝歷代君主的居所，那裡佇立了不少銅像，而其中一座的姿態，是一名將領騎在戰馬上，昂首向天，臉上流露出雄姿英發的神情。他不是奧地利人，卻是奧地利公認的國家英雄。就連曾經橫掃歐洲大陸的拿破崙和戰無不勝的普魯士國王腓特烈二世（King Friedrich II of Prussia），也極為推崇這位奧地利名將：「歐根是歐洲歷史上最偉大的將領」。

他是誰？他的名字是「薩伏依的歐根」（Eugene of Savoy），或被稱為歐根親王（Prince Eugene）。

✧ 義大利血統、法國長大、奧地利國家英雄

要定義歐根的「國籍」是件很複雜的事情。以血統來說，他來自義大利貴族——薩伏依家族的旁支（這個旁支後來成為了義大利薩丁尼亞王室）。然而他卻在一六六三年生於法國巴黎，在法國宮廷內長大。長大後的他後來長居於奧地利，餘生都奉獻給了這個國家。

歐根的雙親都是名門望族。父親歐根．莫里斯（Eugene Maurice）大有來頭：他是法國波旁王朝（House of Bourbon）的遠房親戚，是薩伏依公爵卡洛．埃曼努埃爾一世（Duke Carlo Emanuele I of Savoy）的孫子，同時身兼蘇瓦松伯爵（Count of Soissons）、德勒伯爵（Count of Dreux）和薩伏依親王（Prince of Savoy）等爵位。至於母親奧琳匹婭．曼切尼（Olympia Mancini），則是法國宰相、紅衣主教馬薩林（Cardinal Mazarin）的外甥女。雖然歐根擁有義大利血統，但基於父母親的背景和童年生活，他認為自己是個法國人。

✧不順利的法國生涯

然而，雖然身上的血統尊貴，但是歐根的童年並不是過得很好。他在七位兄弟姊妹中排行第五，因年幼的關係，讓他無法與自己的雙親好好相處，也無法擁有一個快樂的童年。父親是個很盡責的軍人，經常因為戰事離鄉背井；母親則經常在法國國王路易十四的宮廷裡打轉，有輿論甚至認為歐根本來就是母親與路易十四的私生子。歐根的父親英年早逝，而母親也因為這些醜聞影響下被迫逃離法國，越過比利時的疆界來到奧地利。歐根沒能在父母的好好照料下成長。

歐根在法國的發展很不順利，他的軍事才能未能在法國得到發掘。由於是幼子的關係，基本上無緣繼承父親的爵位。他原本被安排成為教會的一名牧師，每天負責教會裡的文書工作。這樣的人生並不是歐根所追求的，至少喜愛軍事的他希望能以軍人的身份度過自己的一生。

路易十四是個喜歡以貌取人的人，加上受到歐根母親的醜聞影響，他打從心底裡便討厭這個身材矮小、其貌不揚和聲線柔弱的少年，而且覺得他過份囂張。當歐根希望加入法國軍隊效力時，路易十四加以阻撓，拒絕讓他入伍，還對他羞辱一番。

這時的歐根心裡憤怒，卻也無能為力。只是，當時又有誰想到，法國就這樣把一個將成為歐洲史上最偉大的軍事天才趕走呢？而又有誰想到，本來這位能成為法國軍隊的一支利矛的少年，在將來將成為法國最頭痛的敵人？

✧出走奧地利

常言道：「上天關了你的門，會為你開啟另一扇窗。」

一六八三年這年，是奧地利過得不太好的一年。奧地利正受到土耳其人建立的鄂圖曼帝國派兵包圍首都維也納，奧地利大公暨神聖羅馬帝國皇帝利奧波德一世（Archduke Leopold I of Austria / Kaiser Leopold I），正需要良將抵禦土耳其人的圍攻。

奧地利與鄂圖曼帝國的衝突，不僅僅是領土的爭奪戰，對很多人來說，還是一場基督教世界與伊斯蘭教世界的宗教戰爭，這激起了很多人心中的「十字軍信念」。面對東方土耳其人的威脅，奧地利、波蘭和德意志諸邦，組成了神聖聯盟（Holy League），共同對抗敵人。

歐根與他幾位朋友也不例外，憑著滿腔熱誠，就這樣在夜深時偷偷逃離法國宮廷，準備前往奧地利支援作戰。法國當時與鄂圖曼帝國秘密結盟，路易十四發現後下令他們返回宮中，不許他們離開。歐根的朋友們都因此放棄，唯有他自己堅持隻身前往奧地利。在他眼中，法國已沒有容得下他的地方，與其留在法國鬱鬱不得志，不如到外闖一下。這年，歐根二十歲。

✧大土耳其戰爭

奧地利的情況是這樣的：鄂圖曼帝國已經奪取了巴爾幹的控制權，勢力如日方中，接著派了近二萬名士兵包圍首都維也納，情況嚴峻得很。維也納是當時神聖羅馬帝國的政治中心，一旦被攻陷，不僅整個帝國將走向滅亡，鄂圖曼帝國亦會繼續向西挺進，威脅整個歐洲。不過，這樣的情況正正為歐根創造了鋒芒畢露的機會。

有伯樂才有千里馬，對歐根來說，他的伯樂便是利奧波德一世。歐根因一些戰役的英勇表現而被薦到他跟前。利奧波德一世決定讓這個年輕人帶領一小隊人馬參與這場抵抗土耳其人的戰役。憑著天賦的軍事才能，歐根在被稱為大土耳其戰爭（Great Turkish War, 1683–1699）中，成為了奧地利軍隊的中流砥柱。

在十多年的戰事中，由波蘭國王約翰三世領導的奧地利－波蘭－德意志聯軍努力下，不僅解除了維也納的危機，而且逐步收復了領土，更一度把匈牙利（Hungary）、塞爾維亞和波士尼亞置於聯軍的控制下。但是，勝利的光芒維持的時間不長，不久後鄂圖曼帝國軍隊捲土重來，重新收復了這些領土，並再一次向維也納挺進。當時奧地利的軍隊，卻已經筋疲力竭。

許多人都害怕，鄂圖曼帝國軍隊這次將毀滅他們的一切。一六九七年這年，奧地利才剛結束與法國的戰爭，現在又將面對更大的災難。

✧森塔之役

直到十多年後軍階晉升至將軍的歐根所主戰的一場戰役，才正式扭轉了整場戰爭的形勢。鄂圖曼帝國蘇丹穆斯塔法二世（Sultan Mustafa II）率領的軍隊越過多瑙河，準備橫渡最後一道河川障礙——蒂薩河（Tisza）。只要順利渡過這條河流，鄂圖曼帝國軍隊便能以陸路途經布拉提斯拉瓦直搗維也納。然而，軍隊渡過河川時卻是其最脆弱的時候，因為正在渡河的軍隊，在調動上完全不靈活。歐根認為，如果讓鄂圖曼帝國軍隊成功渡河，那麼能抵擋他們攻勢的可能性近乎零。

他派出輕騎兵抓住了鄂圖曼帝國的一名帕夏（Pasha，指土耳其軍官），並從他口中得知穆斯塔法二世和他的步兵仍未完成過河，而且據點就在離他陣營不遠的森塔（Zenta），火炮和輜重卻已經在河的對岸！歐根於是帶領輕騎兵全速前進，主力步兵則留在後面隨後趕到，目標是趁敵方軍隊過河時予以沉重的打擊。

天色漸漸昏暗，這個出奇不意的打擊讓鄂圖曼帝國軍隊被殺得措手不及，人馬大部分被殲，而歐根的士兵卻只有輕微的折損，而且獲得大量鄂圖曼帝國軍隊的武器和輜重。歐根憑著這些奪來的資源，順勢地攻入波士尼亞，洗劫一空。

鄂圖曼帝國受到了沉重的打擊，穆斯塔法二世被迫與奧地利講和，割讓大量土地，結束大土耳其戰爭。歐根也因為此役，成為了奧地利人民心目中的國家英雄。其後雖然土耳其人在一七一六年到一七一八年間再次進犯，歐根還是憑著其軍事才能嚴重打擊了土耳其人，奪取重要城市貝爾格萊德（Belgrade），讓他們死傷無數。對於當時的土耳其人來說，歐根的存在是他們的夢魘，是他們攻入歐洲最大的障礙。

忠誠的英雄

儘管歐根的雙親是義大利人，自己在法國宮廷長大，但對於奧地利人來說，歐根仍然被當作是他們的一分子。歐根也確實將自己的畢生都奉獻了給奧地利。在他戎馬一生中，曾為三位皇帝效力——利奧波德一世，約瑟夫一世（Joseph I）和查理六世，其忠誠不曾被懷疑過。在西班牙王位繼承戰爭（War of the Spanish Succession）時，歐根的哥哥薩伏依公爵維托・阿瑪迪斯二世（Duke Victor Amadeus II of Savoy）背叛奧地利陣營轉而支持法國時，歐根向時任神聖羅馬帝國皇帝的查理六世寫了一封信，信中寫道：「在我只有這點是堅定不移，那便是無論我身上的血統還是我家族的利益，都無法使我忘記身在奧地利的榮耀和責任。」

向法國吐一口烏氣

他的確做到了。一七〇一年，西班牙哈布斯堡王室絕嗣，奧地利和法國這對老敵人相繼爭奪西班牙王位繼承權，西班牙王位繼承戰爭爆發。這場戰爭一開打便是十三年，歐洲諸國都被捲入這場戰爭中。以奧地利為首的陣營大多都抵擋不住法國軍隊的攻擊，唯獨歐根卻是例外。

歐根與法軍的對決多不勝數，卻未嘗一敗仗，其中最為人樂道的便是與英國馬爾博羅公爵約翰．邱吉爾（Duke John Churchill of Malborough）的合作。這位公爵與歐根齊名，而且有一位著名的後代：英國首相溫斯頓．邱吉爾，但這不是本文重點。

他們指揮的聯軍不斷擊敗法國軍隊，其中最著名的便是霍赫施塔特一役（Battle of Höchstädt）。他們聯手把法軍從比利時邊境趕走，而且帶領軍隊深入法國北部。據說那時歐根吐了一口烏氣：「我曾發誓將帶著劍回到法國，現在我做到了。路易驅逐了我，現在我將驅逐他的一切！」

其實，路易十四晚年的法國，因為過去王室的奢華和窮兵黷武，經濟已經面臨崩潰，在戰爭後期，根本無法取得決定性的勝利。不過，奧地利盟友英國卻有其自身的考量，竟以慷慨的條款與法國達成和平，使奧地利無法獨自在戰爭中取得勝利。一七一四年，西班牙王位繼承戰爭結束，奧地利失去西班牙王位的繼承權，只得到原為西班牙控制下的比利時和義大利北部作為補償。次年，路易十四也病故了。雖然奧地利爭輸了西班牙王位，但歐根還是以其不敗戰績回國，得到奧地利人民夾道歡迎。

✧ 在戰爭中逝世

當法國和鄂圖曼帝國的軍事威脅得以緩解後，歐根也漸從前線退下來。他成成為查理六世的軍事顧問，已經甚少在戰場前線上出現。可是，他的靈魂始終屬於戰場，紙上的軍事指揮並不適合他。一七三五年，波蘭王位繼承戰爭（War of the Polish Succession）爆發，這場戰爭演變為法國波旁王朝與奧地利哈布斯堡王朝的對決。

歐根出現在戰場上，這次他面對的還是法國這個老對手。這也是他一生裡最後參與的戰爭，只是他沒法以完整的勝利結束。因為在一七三六年，歐根因病辭世，享年七十二歲。他被葬於曾為大土耳其戰爭期間作為作戰指揮部、位於維也納的聖史提芬主教堂中（St. Stephen's Cathedral），而他的心臟則保存在他於一七〇六年時從法國手中解放的城市——都靈（Turin）的教堂裡。

✧傳頌世人的軍事名將

歐根之所以在軍事上所向披靡，成為歐洲史上最偉大的將領，是有原因的。他是個果斷英明的領導者，常常能在短時間中看清形勢。而且，他總不缺乏勇氣，往往走在最前線，身上滿是傷痕，部下對他都心悅誠服。面對其他盟友時，歐根也沒有先入為主的觀念——除了讓他失望的法國人外。他往往認為糧餉和裝備是行軍中最重要的一環，必須確保每個士兵都有充足的糧食和裝備。對於提拔部下，他一改奧地利軍隊以金錢換軍階的腐敗作風，純粹以個人能力和軍功作為升遷的條件。以這樣的方法治軍，加上歐根的軍事天才，他的軍隊作戰力極強。

綜觀奧地利哈布斯堡王朝的歷史，歐根是其唯一極具戰略才能的將領，他使奧地利在風起雲湧的十八世紀裡站穩了腳。後來，同被世人公認是軍事天才的法國元帥薩克森伯爵莫里斯（Count Maurice of Saxony）、普魯士國王腓特烈二世和拿破崙也曾研究他的戰法並加以改良和利用。

在德國柏林，有一條街道以他命名；在奧地利維也納和匈牙利布達佩斯（Budapest），有為他鑄造的銅像；在第一次世界大戰時，奧匈帝國有一艘戰艦被命名為「歐根親王號」；在第二次世大戰時，德國和義大利的艦隊亦分別有巡洋艦被命名為「歐根親王號」和「薩伏依歐根號」。

歐根親王在人們心中，時至今天，仍然是個最偉大的將領，是戰無不勝的代名詞。

拯救奧地利的男人：波蘭國王約翰三世

有去過奧地利維也納旅行嗎？維也納是文化之都，到處都是美侖美奐的建築物。而這個城市最著名的建築，便是昔日奧地利王室的王宮霍夫堡宮。如果你參觀這座宮殿，來到其節日大廳（Hall of Festivals）外的牆壁，會發現一塊以德文刻著以下字句的紀念碑：

「波蘭國王及聯軍統帥約翰三世在一六八三年九月十三日從土耳其圍城中解放了維也納後，來到此處與民眾見面。

——約翰三世國王解放維也納三百周年委員會，一九八三年九月」

在十七世紀，奧地利首都維也納被土耳其人圍攻，正值危急存亡之秋。當時波蘭國王及立陶宛大公約翰三世率領波德聯軍來到維也納，擊退了土耳其人，解除了維也納的危機，成為了當時奧地利的救命英雄。因為這樣，三百年後，後人為紀念他的幫助，在霍夫堡宮附近將約瑟夫廣場（Josefsplatz）的奧古斯丁教堂（Augustinian Church）牆壁懸掛了這塊紀念牌匾。

那麼，就讓我們介紹一下這位約翰三世。

✧出生貴族

約翰三世原名約翰．索別斯基（John Sobeiski），是波蘭史上其中一名偉大的國王。當時波蘭與立陶宛結成了共主邦聯：波蘭—立陶宛聯邦，因此他同時也是立陶宛大公。在他統治期間，勉強還能讓當時已日暮西山的波蘭在歐洲中站穩住腳。

他自幼出生在波蘭的貴族家庭。約翰的祖先原本只是位階比較低的貴族，不過到了他的父親這代時，憑著自身努力成功晉身到波蘭貴族政壇的一流位置，在波蘭議會擁有議席。波蘭議會由貴族組成，國王頒布的政策必須得到議會通過才可實行，而且議會有權投票選出繼任國王，因此是波蘭最高的權力機構。約翰的成長過程與一般的波蘭貴族無異——接受良好的教育，及環遊歐洲吸收不同地方的文化和知識。憑著父親在政壇的地位，約翰成長後也開始參與政治。

瑞典在三十年戰爭中得到極大的利益和土地，崛起成為當時的歐洲霸主。波蘭位處瑞典的南方，因此當時除了俄羅斯和鄂圖曼帝國外，北方瑞典也是波蘭極大的威脅。長大後的約翰開始在波蘭軍隊裡效力，有著很彪炳的戰績。一六五五年，約翰借助瑞典人對抗波蘭國王約翰二世（John II, King of Poland & Grand Duke of Lithuania），但就在次年反過來擊退入侵的瑞典人。

一六六七年，他被派到波蘭東部邊境，抵禦著韃靼人和哥薩克的侵擾，在波蘭累積了名聲和威望，逐漸在軍中晉升至「蓋特曼」（Hetman）。「蓋特曼」是中歐國家例如波蘭、立陶宛和烏克蘭的軍隊指揮官頭銜，除了指揮軍隊作戰外，還擁有相當於宰相的權力，地位僅次於國王。

✧ 成為國王

約翰的妻子瑪麗亞．卡齊米埃拉．達爾昆（Maria Kazimiera d’Arquien）很有野心，一直幫助丈夫在波蘭政壇往上爬。她是個法國人，早年喪夫，後來才嫁給約翰。成為約翰夫人後，瑪麗亞便專心為丈夫鋪排助他在政壇上更進一步。

一六六八年，約翰二世國王退位，貴族議會進行了繼任國王的選舉。然而，意想不到的是，約翰卻在這場選舉中敗給另一名波蘭貴族——米哈烏．維希尼奧維茨基（Michael Wi niowiecki）。奇怪，約翰有如此高威望，又有賢妻的幫助，怎麼會還是輸掉了國王選舉呢？原因一言蔽之，米哈烏的身世比約翰更顯赫，還有當時歐洲勢力龐大的哈布斯堡家族支持。

米哈烏是十四世紀波蘭國王瓦迪斯瓦夫二世（Władysław II, King of Poland）弟弟的後代。瓦迪斯瓦夫二世本是立陶宛大公，後來他娶了波蘭女王雅德維加（Jadwiga）後便與妻子共治波蘭。雅德維加逝世後，瓦迪斯瓦夫二世成了唯一的波蘭國王，使波蘭和立陶宛變成共主邦聯，其家族自此統治波蘭及立陶宛近三百年。因此，瓦迪斯瓦夫二世是波蘭—立陶宛聯邦的奠基人，其家族地位在波蘭自然十分之高。而且，米哈烏的父親傑里米．維希尼奧維茨基（Jérémi Wi niowiecki）是個名將，曾多次成功在波蘭邊境阻擋哥薩克入侵。

於是，大家都認為這位米哈烏的出身，十分適合當波蘭國王。於是在一六六九年，在父親和家族名聲加持下，米哈烏就順利獲選成為了波蘭國王。

雖然約翰沒能成為國王，但瑪麗亞仍努力斡旋於波蘭貴族之間，同時爭取法國國王路易十四的支持，為自己的丈夫鋪排成為下任國王。為此，她常常前往法國遊說，與丈夫經常天各一方，只靠書信來往。約翰為表思念而寫給瑪麗亞的書信，便成為了日後研究波蘭歷史的重要材料。

米哈烏是哈布斯堡家族扶植上波蘭王位的，所以他基本上變成後者的傀儡。哈布斯堡家族壟斷神聖羅馬帝國的帝位，其權力核心位於奧地利。然而，他的統治時期很短，在位只有四年便逝世。當米哈烏逝世時，約翰剛好在與土耳其人的一場戰役中大獲全勝，旋即威震波蘭。於是，在得到法國的支持下，加上自己極高聲望，約翰終於成功擊敗另一位由哈布斯堡家族支持的國王候選人，被選為波蘭國王，稱約翰三世。

✧維也納之戰

跟米哈烏一樣，約翰的王位是由外國扶上去的，因此他初期的外交政策傾向法國。波蘭與法國的結盟，對神聖羅馬帝國形成包圍的狀態，同時讓約翰三世有了機會壓制位於波蘭西方的普魯士。他希望藉這個機會奪取普魯士的土地，以補償之前波蘭在與鄂圖曼帝國的戰爭中喪失的領土。

但是，後來發生一系列事件，讓約翰三世的外交政策，從靠攏法國轉向昔日敵人哈布斯堡家族。首先，在約翰三世眼中，鄂圖曼土耳其人始終是波蘭的大患，東南部經常與之發生衝突，而後來法國竟與土耳其人結盟。其次，路易十四不願支持約翰三世的兒子成為下任波蘭國王，讓他十分不滿。其三，波蘭貴族也開始不滿他與法國來往過密，擔心他會藉著法國的強勢擴充王權，威脅到他們的利益。波蘭貴族的勢力很大，為免引起國內政治危機，約翰三世便轉而與統治神聖羅馬帝國的哈布斯堡家族靠攏，與當時的皇帝暨奧地利大公利奧波德一世結盟。

在利奧波德一世與波蘭的盟約中，雙方同意若其中一方的首都受到外敵攻擊，另一方便會全力救援。這項條款在後來被證實是極其重要。一六八三年，土耳其人包圍了奧地利首都維也納，形勢十分危急。鄂圖曼帝國希望攻陷維也納，作為進軍歐洲的跳板，因此他們的軍隊來勢洶洶，志在必得。約翰三世聞訊後，遵守了與利奧波德一世之間的盟約，迅速集結了一支二萬五千人的波德聯軍，前往馳援維也納。當他到達維也納後，由於約翰三世的軍事才能早已人所共知，而且軍階最高，因此成為了當時整支七萬五千人軍隊的最高指揮官。在他的率領下，最終在數場決定性的戰役中大敗鄂圖曼帝國軍隊，成功擊退了土耳其人，解除了維也納之圍，成為當時奧地利的英雄。

✧接連失利

然而，雖然在維也納之圍中取得漂亮勝利，但約翰三世在匈牙利的作戰卻不太成功。本來，他想藉著解放屬今天羅馬尼亞的摩爾多瓦（Moldavia）和瓦拉幾亞（Walachia），把土耳其人的勢力趕出東歐，並把波蘭勢力延伸至黑海。這個計劃，觸動了利奧波德一世的神經，因為他同樣有意把勢力伸至匈牙利以至東歐，約翰三世逐漸與利奧波德一世交惡。約翰三世在摩爾多瓦和瓦拉幾亞的作戰幾乎都是失敗收場，更差點被敵軍俘虜。他那個想把波蘭勢力推至黑海的夢想，始終沒能實現。

在其統治期後半，約翰三世經常臥病在床，與波蘭貴族的關係變得愈來愈差，戰功或政績乏善可陳。因為約翰三世身體差，他幾個兒子開始爭權奪利，各自盤算爭取籌碼競逐下任國王，並在政壇各自結黨，家族成員變得互相猜忌。

一六八三年後，因為對土耳其人取得大勝，波蘭內部認為已經解除了鄂圖曼帝國對波蘭的危機，開始不再團結對外，反而出現了內部分裂。基本上，十七世紀末的波蘭—立陶宛聯邦，貴族都在互相攻擊，幾乎演變成內戰。

約翰三世把外交政策的重點放在對抗土耳其人。為此，他與傳統敵人俄羅斯作出讓步。一六六七年，本來屬於波蘭領土的基輔被俄羅斯人占領。為了能專注抵禦鄂圖曼帝國的威脅，約翰三世與俄羅斯人在一六八六年簽訂「永遠和平條約」（Treaty of Perpetual Peace），承認了俄羅斯對基輔的擁有權，換取雙方承諾永遠互不侵犯。也確實因為有了這條約，早已日暮西山的波蘭才有足夠力量對抗南方土耳其人和韃靼人的威脅。

約翰三世雖然在軍事和外交上比較成功，例如擊敗土耳其人、與世仇俄羅斯關係正常化、壓制普魯士，與哈布斯堡家族結盟反對法國獨大等等，但對內始終未能扭轉國王弱勢、貴族專權的根本問題。約翰三世在位期間雖然致力挽救衰弱的波蘭，但在統治的後半期卻變得力不從心。不僅其家族因為爭權而分崩離析，同時亦無法團結國內和削弱波蘭貴族的巨大影響力，波蘭的貴族民主制度始終成為了國家重新振作的絆腳石。這些問題最終成為導致波蘭在一百年後覆滅的主要原因，任約翰三世再英明，也無力回天，波蘭的滅亡，似乎只是時間問題。

【Historia 歷史學堂】MU0054

奇怪的歷史知識增加了！2

沒有讀過的歐美趣味歷史

作　　者❖ seayu（即食歷史）
封面設計❖ 張　巖
內頁排版❖ 李偉涵
校　　對❖ 魏秋綢
總 編 輯❖ 郭寶秀
責任編輯❖ 洪郁萱
行銷企劃❖ 許弼善

國家圖書館出版品預行編目 (CIP) 資料

奇怪的歷史知識增加了 !. 2 : 沒有讀過的歐美趣味歷史 / seayu(即食歷史) 著 . -- 初版 . -- 臺北市 : 馬可孛羅文化出版 : 英屬蓋曼群島商家庭傳媒股份有限公司城邦分公司發行 , 2023.07
面；　公分 . -- (Historia 歷史學堂 ; MU0054)
ISBN 978-626-7156-96-4(平裝)

1.CST: 歷史 2.CST: 通俗作品 3.CST: 歐洲 4.CST: 美洲

740.1　　112008558

發 行 人❖ 凃玉雲
出　　版❖ 馬可孛羅文化
104 臺北市中山區民生東路二段 141 號 5 樓
電話：(886) 2-25007696
發　　行❖ 英屬蓋曼群島商家庭傳媒股份有限公司城邦分公司
臺北市中山區民生東路二段 141 號 11 樓
客服服務專線：(886) 2-25007718；25007719
24 小時傳真專線：(886) 2-25001990；25001991
服務時間：週一至週五 9:00 ～ 12:00；13:00 ～ 17:00
劃撥帳號：19863813　戶名：書虫股份有限公司
讀者服務信箱：service@readingclub.com.tw
香港發行所❖ 城邦（香港）出版集團有限公司
香港灣仔駱克道 193 號東超商業中心 1 樓
電話：(852) 25086231　傳真：(852) 25789337
E-mail：hkcite@biznetvigator.com
馬新發行所❖ 城邦（馬新）出版集團【Cite (M) Sdn. Bhd. (458372U)】
41, Jalan Radin Anum, Bandar Baru Seri Petaling,
57000 Kuala Lumpur, Malaysia
電話：(603) 90578822　傳真：(603) 90576622
E-mail：services@cite.com.my
輸出印刷❖ 中原造像有限公司
初版一刷❖ 2023 年 07 月
紙書定價❖ 380 元（紙書）
電子書定價❖ 266 元（電子書）

城邦讀書花園
www.cite.com.tw

ISBN：978-626-7156-96-4（平裝）
ISBN：9786267156940（EPUB）